聖書はもういらない

野原花子
Nohara Hanako

幻冬舎MC

聖書はもういらない

目次

まえがき

アメリカ合衆国の大統領の就任式では、必ず聖書に手を置いて宣誓します。トランプ大統領は、リンカーン大統領が使った聖書と、子どものときに母親に贈られた聖書の二冊に手を置いて宣誓しました。聖書は永遠のベストセラーとも呼ばれています。それはキリスト教の正典であり二〇〇〇年近く受け継がれてきたのですから、きっと人類に有益なことがたくさん書かれているのだろうと、一般に思われているのではないでしょうか。

聖書にはいったい何が書かれているのでしょうか。その全体の内容をある程度理解できる人は一握りの神学者や宗教家に限られており、ほとんどの聖書は読まれることもなく書棚の飾りか部屋の片隅でホコリをかぶっていて、これほど内容について理解されていない書物も類いまれです。数千年前に書かれた聖書は、現代とは全く異なった文化や価値観や歴史観の中で書かれているので、それらの背景を知らずに正確に解釈することはできません。そのような聖書について体系的に理解できる人はクリスチャンでもほとんどいないのですから、キリスト教の問題点や矛盾を見抜くことは一般の人には不可能に近いでしょう。聖書に書かれているキリスト教の本質は「神の支配」と「罪」だと言えます。

私は物心つく前から信仰熱心な母に連れられ地元のプロテスタントの教会に行き、多くの純朴なクリスチャンたちに囲まれて成長しました。幼い子どもの柔らかい頭に教会学校で毎週聖書の教えを繰り返し刷り込まれたわけですから、私は神の存在を疑うことすら知りませんでした。始めに神ありきで出発した私の人生は、信仰生活の矛盾と、教会生活の葛藤とのジレンマの連続でした。そして私は半世紀以上の信仰生活を経て、聖書の本質をつかんだクリスチャンにまで成長したと自負しています。機会あるごとに体系的な聖書の学びを受け、イスラエル聖地旅行まで行って聖書の世界を見てきたし、学びに投じたエネルギーははかり知れません。

「豊かな人生の条件は　聖書のうちに　歴史の始まる以前から　啓示されています
　まことの神を敬い　罪を悔い改め　まごころ尽くしてキリストに従うことです」

このような子ども賛美歌を子どものときから教会で歌いながら育ち、真の豊かな人生を求めて聖書を指針にして生きてきたのです。また生涯の間、国内外の様々な地域で暮らし、それぞれの地域の教会で教団や教派を超えて多くのクリスチャンたちと深く関わってきました。半世紀にわたる信仰生活の中で、聖書に書かれていることが真実かどうかを証明するような、それは自分の人生をかけて信じる壮大な検証でした。

その結果、私は信仰を捨てるという明確な結論を出しました。それは私のかけがいのない一家の破綻という、悪夢としか思えないような人生破綻が突然訪れたからです。半世紀以上かけて築き上げてきた自分の人生のすべてを失いました。破綻という言葉さえ軽すぎるほど、私の一家は木っ端微塵に砕け散ってしまいました。家族は散り散りバラバラになりうつ状態、あるいはうつ病にまで追い込まれ、居場所さえ失った私は、そんな苦しんでいる家族たちを支えることもできず、はかり知れない喪失感により生きる気力を失い、約二年間の放浪の果て、二〇〇人にも及ぶ「命の電話」相談員と約一ヶ月間、命のギリギリのやり取りをするまでに至ります。家族たちを生き地獄に導いたキリスト教に対する怒りだけが、今の私の生きるエネルギーかもしれません。

さらに、八方ふさがりの苦しみの中にいる私に差し伸べられた牧師やクリスチャンたちの真剣な助言に矛盾を感じました。それらはそれまでの私自身が語っていたクリスチャンとしてまっとうな言葉でしたが、私の苦しみに寄り添うものでは全くありませんでした。

私はクリスチャンや教会を批判したいのではありません。彼らの動機のほとんどは献身的で純粋です。私が糾弾したいのは、聖書のマインドコントロール力です。聖書が個人の人生を不毛にするとんでもない書物であることを、私は身をもって知りました。私がクリスチャンになって感じ続けた矛盾と葛藤は、聖書の教えそのものにありました。つまり、キリスト教の手引き書である聖書が排他的、閉鎖的、支配的、独善的な教えであったということに気づかされたのです。

私の周囲でも熱心で純粋で模範的なクリスチャンが人生破綻する姿を数多く見続けてきました。なぜ信仰者に、そのような受け入れがたい理不尽な人生が訪れるのか理解できませんでした。彼らと同じような轍《わだち》を踏まないように、さらに聖書に拠り所を求めました。ところが私に突然、彼ら以上の人生破綻が訪れました。私は、このあまりにも残酷で理不尽な苦しみを通して、自分が信仰だと信じていたものが実は聖書によるマインドコントロールであったことに、ようやく気づきました。

キリスト教は長い歴史を持った世界的な宗教です。日本社会でも、ミッションスクールとかクリスチャンの著名人も多くいていろいろな形で受け入れられてきたので、社会的には容認され、むしろ教会や十字架や聖書には、愛と平和の象徴のようなイメージを抱いています。そのようなキリスト教を信じて有益でこそあれ、まさか一度きりの人生を損ねることになるだろうとは想像だにしないでしょう。そこが大きな落とし穴だと言えます。

マインドコントロールされている人は、自分がマインドコントロールされていることに気づくことはできません。そしていつの間にか人生観、世界観、人間観を根底から作り変えられます。それがマインドコントロールの恐ろしさです。マインドコントロールというのは、自分が信じるもの以外は見えなくされるようなものです。そして自分が見えていないことに気づくことはほとんど不可能です。つまり、自分は大丈夫だと言える人など一人もいないのです。

人間の本質や幸せとは何か、本当に大切なことは何か、私は全てを失ってようやく当たり前のことに気づきました。奇跡的にマインドコントロールが解け、目からウロコが落ち、何もかもがあまりにもよく見えるようになった自分に驚かされ、今まで何も見えていなかったことに気づきました。その代償はあまりにも大きく、人生を喪失するという犠牲を払いました。

ピョンチャン・オリンピックをテレビで観ながら、世界の舞台で日本の若者たちが金・銀・銅メダルを獲得する健闘ぶりに胸が熱くなりました。そしてその背景には、彼らを支えてきた多くの人々がいることも知りました。あの若者たちは世界一の幸せを家族や仲間たちと共にかみしめていることでしょう。私はそのとき、ふと、自分は世界で一番不幸な金メダルを獲った人間であると思ったのです。なぜなら自分のかけがえのない家族を破綻へと導いたからです。その地獄のような苦しみを体験して、私が信じてきた神などは始めから存在もしなかったことに気づきました。

私の人生に起きた出来事を文字にするのは、本当に苛酷な作業でした。そして、それを読む人に理解してもらえるように書くことは至難の技です。私に今できることは、私に起きたことの全容を明らかにすることだけです。

また、私の体験は、精神医学的には人間の心の未知の世界、すなわちマインドコントロール、人格形成、自死の問題、自律神経や無意識の世界などの理解に役立つと考えています。この本が、キリスト教についての理解にとどまらず、人間の心の世界についての理解を深め、より良い人生を生きるヒントになればと願います。

なお、この本に記載されている写真はすべて、著者自身が数年前イスラエル聖地旅行に参加した際に、直接撮影したものです。また聖書については、新改訳聖書から引用しています。参

AD70年ローマ軍によるエルサレム陥落後、死海を臨む要塞「マサダ」に967人のユダヤ人がローマ軍に包囲され３年近く立てこもり、AD73年に陥落

考資料については、『Wikipedia』や「世界史の窓」などの各種インターネットサービスを利用いたしました。

第一部
聖書《ことば》の支配

エルサレム郊外　ゲッセマネの園の樹齢1000年のオリーブの大樹

キリスト教の影響力

日本人の宗教は、仏教や八百万《やおろず》の神と言われるような神道が一般的です。日本人はいいところ取りが得意で、外国の文化を自国の風土に合わせてうまく取り入れてきたと言われています。例えば、葬式は仏教式で行い、結婚式は神道やキリスト教、クリスマスやイースターも盛大に祝い、正月やお盆やお彼岸や七五三など、宗教にこだわらず日常生活に多彩に取り入れています。家の中には仏壇と神棚が同居し、さらにクリスマスツリーも飾られます。

日本人には何の違和感もありませんが、一神教文化圏の国の人々にはとうてい理解しがたい文化で、宗教に節操のない国民だとネガティブにとらえられがちです。けれども、かつて江戸幕府によりキリスト教信仰禁止令が布告されキリシタン弾圧や鎖国政策が行われたこともあるように、日本人は自らの意思で特定の宗教を排除して自国を守ろうとしました。ですから決して無分別に信じていたわけではなく、フィルターにかけて選別していたと考えられます。

国家神道により国民が戦争に扇動されたような軍国主義時代や、オウム真理教によるテロの恐怖を体験し、しかも昨今の世界に見る過激な宗教テロに身の毛もよだつ残酷さを感じ、日本人の宗教アレルギーは増大しています。だからと言って、グローバル化時代に鎖国をすることはできません。

日本にも戦国時代末期にイエズス会のフランシスコ・ザビエルなどの宣教師たちによってキ

リスト教が伝わり、高山右近や細川ガラシャ夫人、黒田官兵衛、大友宗麟、小西行長などのキリシタン大名や信者は、信長、秀吉の時代に爆発的に増え、江戸時代初期には三〇万〜四〇万人に達していたと考えられています。

江戸幕府によって禁教令が出され多くのキリシタンが殉教し、島原の乱や長崎の二六聖人殉教などは歴史に深く刻まれています。最近は長崎のキリシタンの教会群などが世界遺産登録され脚光を浴びているし、明治・大正期にも北原白秋の詩などにキリシタン文化がエキゾチックに描かれています。そのようなことからも、キリスト教が日本の歴史や文化にも多大な影響を与えたことが窺い知れます。

また第二次大戦敗戦後、軍国主義から民主主義へと方向転換した日本社会は、欧米からの宣教師たちによる宣教活動も盛んに行われ、三浦綾子や遠藤周作らに代表されるようなキリスト教ブームも一時期ありました。

今日の日本の教会は、信徒の高齢化が進み牧師のいない教会も増えつつあり、経済的自立の困難や、共同体としての方向性も見失い迷走して消えていく教会もあります。結局、社会の変化に適応していけない教会は自然淘汰され、やがて地域から教会はほとんどなくなってしまうかもしれません。

神社仏閣も経営困難なところは多いそうですが、それでも日本の文化や伝統の大きな一翼を担っているわけですから、日本社会から消えてしまうことはないでしょう。しかしキリスト教の場合は、果たして三〇年後にどれだけの教会が生き残れるか、深刻な状況だと思います。教会を支える若い世代がほとんど育っていないし、社会の中で日本の文化や地域とのつながりも極めて薄いからです。

日本では、クリスチャン人口は一パーセントにもはるかに満たない極少数派ですが、お隣韓国では、四人に一人はクリスチャンと言われるほどキリスト教が盛んです。昨今の韓流ブームで韓国との交流もさらに深まり、日本に及ぼす影響も今後増大し続けていくでしょう。

世界の三大宗教であるキリスト教は信者が約二四億人、イスラム教徒は約一七億人、仏教徒は約五億人です（『ブリタニカ国際年間』二〇一八年版）。圧倒的な宗教人口を見ても、現代世界におけるキリスト教の影響力の大きさや、テロや紛争などの宗教問題を理解するためにも、キリスト教について理解しておくことは極めて重要だと言えます。

聖書の誕生

キリスト教はどうしてこれほどまでに、長い歴史の中で世界に影響を与え広がり続けてきたのか、その答えは聖書そのものにあります。聖書こそは、どんな武器よりも破壊力や影響力があると言えるかもしれません。それはキリスト教の持つマインドコントロール力と言い換えられるでしょう。ユダヤ人から生み出されたキリスト教は世界の歴史を変えるほどのパワーを持ち、ローマ帝国を征服し、中世ヨーロッパを支配し、世界に拡大し続けていきました。紀元～年と呼ぶ西暦はイエス・キリストの誕生を起点にしていることからも、そのことがよくわかります。

聖書は旧約聖書と新約聖書から成り立っています。旧約聖書はユダヤ教の正典であり、キリスト教は旧約聖書と新約聖書を正典としています。旧約聖書はイスラエルの歴史を中心に書かれており、新約聖書はイエスキリストについて書かれています。すなわち、キリスト教はユダヤ教という大木に接ぎ木されたような形で生まれたのです。

聖書はいつ生まれたのでしょう。キリスト教文書の正典化の議論は二世紀頃から起こり、AD三九七年のカルタゴ会議において正式に承認されました。

キリスト教はイエス・キリストの死後、パウロによってローマ帝国支配下にあった地中海沿岸地域に伝えられました。それぞれの地域では教会という形でクリスチャン共同体が形成され、それらの教会組織を拠点として広められていきました。

パウロによって書かれた書簡のほとんどは各地の教会に宛てられたものです。ローマ、コリント、ガラテヤ、エペソ、ピリピ、コロサイ、テサロニケなどの、地中海沿岸の諸教会に送られたメッセージなのです。それらのメッセージは新約聖書の大半を占めるほどで、異端問題で混乱し分裂しがちな状況下にある教会に送られた、信仰の手引き書のようなものです。そこには信仰の教理や教会のあり方などについて具体的に示されています。また、イエスの教えとは異なったパウロ独特の世界観や人間観もあり、キリスト教がパウロ教と揶揄されるのも一理あります。

その中でもローマ書（ローマ人への手紙）は、ユダヤ教という大木にキリスト教の教えを接ぎ木したキリスト教の根底をなす神学書だと言えます。このようなことから、一神教のキリスト教を当時の多神教文化圏に広めることができたのは、ローマ書を書いたパウロの功績と言えるのです。

パウロはイエス・キリストとほぼ同時代に今のトルコで生まれたユダヤ人で、ヘレニズム文化の影響を受けながらもユダヤ教の伝統の強い環境で育ち、ギリシャ語、ラテン語、ヘブライ語、アラム語などに通じ、テント職人であり、ローマ市民権も持っていました。彼はエルサレムでユダヤ教のラビ（教師）としての超エリート教育を受け、当時のキリスト教徒への迫害にも積極的に加担しましたが、後に回心してキリスト教徒となりました。

20世紀最大の発見と言われる死海写本（旧約聖書など）が発見されたクムランの洞窟群

彼が現れなければ今日キリスト教は存在し得なかったでしょう。なぜなら、一神教のユダヤ教から生まれたキリスト教を多神教文化圏であった地中海沿岸地域に広めることができたのは、両方の世界観に通じていたパウロだからこそ可能であったのです。ユダヤ教にキリスト教を接ぎ木したのはパウロでした。

パウロ神学とも呼ばれている難解な「ローマ人への手紙」こそ、キリスト教の土台と言えます。キリストの教えや生涯を綴った四つの福音書だけでは聖書は生まれ得なかっただろうし、接ぎ木されないまま歴史の舞台から消えていったでしょう。

イエスの教え

新約聖書の始めの部分に書かれているマタイ・マルコ・ルカ・ヨハネの四つの福音書には、キリストの言葉や生涯について書かれています。最も有名なのは、山上の垂訓といわれるイエスのメッセージです。「狭き門から入れ」「地の塩、世の光」「主の祈り」「空の鳥、野の花」「明日のことを思いわずらうな」「求めよ、さらば与えられん」「豚に真珠」「右の頬を打たれたら、左の頬も差し出しなさい」「汝の敵を愛しなさい」などの言葉もここから生まれています。

このような内容が人類の精神文化史に多大な影響を与え続けてきたことは否定できません。しかしこれらの言葉は、一般社会で私たちが解釈するような自己啓発や倫理、道徳などの意味とは異なった次元で語られています。ですから、その内容について正しく理解することは福音書全体、あるいはイエスの教え全体を理解することにつながっていくのです。

ここではまず初めに、八つの幸いについて述べられています。

「心の貧しい者は、幸いです。天の御国はその人たちのものだから。
悲しむ者は幸いです。その人たちは慰められるから。
柔和な者は幸いです。その人たちは地を受け継ぐから。
義に飢え渇く者は幸いです。その人たちは満ち足りるから。

憐れみ深い者は幸いです。その人たちは憐れみを受けるから。

心のきよい者は幸いです。その人たちは神を見るから。

平和をつくる者は幸いです。その人たちは神の子どもと呼ばれるから。

義のために迫害されている者は幸いです。天の御国はその人たちの者だから。」（聖書）

「八福の教え」と呼ばれるこれらの言葉は、一般的に考えられている幸福の概念とはあまりにもかけ離れているので、それについて理解するためには視点を変える必要があります。イエスは人間の幸福をあくまでも神との関係の中にのみ求めています。つまり、神との正しい関係の中でしか人間は幸福であり得ないということです。

山上の垂訓では、神の求めるさらに徹底した律法の精神を示しています。ユダヤ人たちは、自分たちは神に選ばれた民族で、子羊や動物の犠牲を捧げる儀式によって罪が赦されると信じていました。そして律法以外にさらに六一三の細かい戒律を定め、民衆をがんじがらめに束縛していました。イエスはそのような形骸化した宗教指導者たちを厳しく批判しました。


「だれでも情欲をいだいて女を見る者は、すでに心の中で姦淫を犯したのです。」

「兄弟を憎む者はみな、人殺しです。」（聖書）

このようにイエスは、心の中で思った時点ですでに罪だと言っています。姦淫や殺人の罪は、心に罪があるから生じるのだということです。イエスの罪の認識は、それまでのユダヤ人の理解する罪の認識とは次元の異なるものでした。ユダヤ人にとって罪とはユダヤ教の律法や戒律に背くことですが、イエスの示す罪とは心の中にこそあるものです。このような基準では、神の前にはすべての人間は大犯罪人でしかないということです。創世記の物語の中でカインが弟アベルを殺したのも、嫉妬や憎しみによるものでした。そのような原罪を持って生まれた人間は、エデンの園から追放されて以来、神との関係が失われていました。イエスは、律法や掟にとらわれていたユダヤ人に、罪とは人間の内面から出てくる問題であることを示したのでした。

このように山上の垂訓は、旧約時代の律法を重んじながらも、ユダヤ人たちにさらに新しい基準の律法の概念を提示しているのです。神が求める「義」とは、神との関係において一点の曇り（罪）もない心の状態であり、これほどまでに徹底して厳格なものだということです。

「狭い門から入りなさい。滅びに至る門は大きく、その道は広いからです。そして、そこから入っていく者が多いのです。いのちにいたる門は小さく、その道は狭く、それを見出す者はまれです。」（聖書）

ここでイエスは、律法学者たちの教えを「滅びに至る門」だと断言しています。そしてイエスの教えこそ「命に至る門」だと言います。「その道は狭く、見出す者はまれ」なのはなぜでしょうか。それはイエスが「狭き門」そのものであり、メシヤ（救い主）であるイエスに信じ従う者だけが神に受け入れられ、永遠の命を得ることができるということです。

聖書の他の箇所でも、イエスは自身を「門」であると説明しています。

「私は羊の門です。私の前に来た者はみな、盗人で強盗です。羊は彼らの言うことを聞かなかったのです。私は門です。だれでも私を通って入るなら、救われます。また安らかに出入りし、牧草を見つけます。」（聖書）

もちろん盗人や強盗とは律法学者たちのことです。

では、門であるイエスにどのように従えば良いのでしょう。

「神の国とその義とをまず第一に求めなさい。」（聖書）

結論としてイエスは、一切の人間的な思い煩いを捨てて、神を愛し、真に敬虔に生きることを求めているのです。

福音書にはまた、イエスが多くの奇跡を行ったと書かれています。死人をよみがえらせたり、病人を癒したり、水をぶどう酒に変えたり、数千人の人々にパンと魚を分け与えたり、湖を歩いたり、嵐を鎮めたりしました。やがてイエスは、自分自身を神の子と主張したために神を冒涜する者として捕えられ、十字架刑に処せられ、復活した後に天へ帰ったと書かれています。

四つの福音書にはこのようなイエスの教えや公生涯が記録されているのですが、それだけではおそらくイエスはユダヤ教の新興宗教家か伝説の人として語られ、せいぜいユダヤ教のイエス物語で終わっていたでしょう。当時のユダヤ人社会でキリスト教という新しい宗教が生まれる余地はありませんでした。イエスの弟子たちによって広められた原始キリスト教は、初期にはキリスト教という認識は全くなくユダヤ教の一派と考えられ、ユダヤ教ナザレ派とも呼ばれます。信者たちが自らをキリスト者（クリスチャン）と称するのは二世紀以降で、ローマ帝国では三世紀半ば頃までキリスト教をユダヤ教の一派とみなしていました。

AD七〇年、ローマ軍によるエルサレム陥落後、エルサレム教会はその権威が失墜していき、キリスト教内のユダヤ人教徒は離脱していきます。この頃からキリスト教はユダヤ教と袂《たもと》を分かち、キリスト教の歴史が始まったのです。

ガリラヤ湖のほとりの丘に建つ山上の垂訓教会

パウロの福音

なぜイエス・キリストがメシヤ（救世主）であるのか、罪とは何なのか。これを福音というコンパクトな形にまとめて、ユダヤ人以外の異邦人にもわかりやすく伝えたのがパウロでした。彼はイエスの死と復活こそが福音であると言っています。四つの福音書の目的は単なるイエスの伝記や言行録ではなく、その死と復活を語ることが最大の目的となっています。この福音を信じる者がクリスチャンなのです。

キリスト教はパウロによって地中海沿岸地域に伝えられ、迫害を受け続けながらも二世紀末にはローマ帝国内に教会組織が広がっていきました。その勢いは衰えることなく、四世紀にはアルメニアやエチオピアなどがキリスト教を国教と定めました。ローマ帝国でも三一三年にミラノ勅令によってキリスト教が公認され、三八〇年に国教と宣言されます。

多神教文化圏の古代国家が一神教であるキリスト教をなぜ受け入れたのか。やはりパウロの説得力が最大の要因と言えるでしょう。彼は人間の心に内在する罪を指摘し「罪の報酬は死である」という絶望的な結論を示しました。ところが「キリストを信じる者は罪赦《つみゆる》され、永遠の命を与えられる」と導きます。ここでのポイントは、キリストが復活したということです。その目撃者あるいは証言者が一二使徒たちです。この復活を信じるからこそクリスチャンは死を拒まず殉教しました。それがキリスト教信仰の原動力と言えます。

復活などという、あまりにも突拍子もない超自然的な現象を、なぜ多くの人が信じることができるのでしょう。私もキリストの復活を心から信じていたクリスチャンの一人でした。

それが聖書力です。すべては罪の認識から始まります。そして聖書の言葉を神の言葉と信じ、パウロの提示した福音をそのまま受け取るなら、復活も当然信じられます。聖書の目的はキリストの死と復活を伝えるものなのです。これが聖書のもつマインドコントロール力だと言えるでしょう。

パウロは復活の教えに固執しました。


「キリストが復活されなかったのなら、私たちの宣教は実質のないものになり、あなたがたの信仰も実質のないものになるのです。」（聖書）

キリスト教はキリストの復活がなければ存在し得ません。キリストが復活したからこそ、キリストが神であることが証明され永遠の命を得ることができるのです。キリストが復活しなかったのであれば、すべてのクリスチャンの信仰は報われないどころか悲惨なものになってしまいます。初代のクリスチャンは、たとえ殉教しても信仰を捨てませんでした。一世紀のネロ皇帝の時代にキリスト教徒迫害の歴史は始まり、三世紀後半から四世紀初頭には大迫害時代を迎え、コロッセオで火刑や猛獣の餌食にされたりして、数千人のキリスト教徒が見せしめに処刑されました。

ローマ市周辺のカタコンベと言われる地下墓地は、数十か所、総延長数百キロに及び、数え切れないほどの初期キリスト教徒が眠っていると言われています。本家のユダヤ人キリスト教徒は衰退していったにもかかわらず、ローマ帝国では多くの殉教者を出しながらもキリスト教徒が増え続けていったのはなぜでしょう。「三世紀の危機」といわれるローマ社会の混乱などの要因があったと考えられますが、やはりパウロが伝えた救済の教理が、当時の人々の心をとらえたのでしょう。

永遠の命を信じる信仰は、ローマ帝国の長い迫害にも耐え抜きます。神の前においては、罪人である人間はすべて平等であり互いに愛し合うべきであると教えられ、罪認識によって人間観も変えられていきました。そのような敬虔なキリスト教徒の生き方が、ローマ社会の中でクローズアップされていったのでしょう。修道院が古代キリスト教時代から存在していたことからも、イエスやパウロが説いたような、罪を犯さないように清貧の生活を重んじ、社会的弱者へ積極的に慈善を施す思想が広まっていったと思われます。

そして教会というネットワークがキリスト教発展の母体となりました。当時は、共同体の中では身分や性別や民族にかかわらず相互扶助し合い、他の地域の共同体とのネットワークも維持され孤立することはありませんでした。パウロの説いた「教会はキリストの体であり、一人一人が体の一部分である」という教えは、世界中のキリスト教徒を一つにまとめることができました。
　このようにして、ローマ帝国の国教と認められたキリスト教はやがてヨーロッパ全域に広まり、中世ヨーロッパではローマ・カトリック教会の支配下でキリスト教文化が根づいていったのです。

　文中で「イエス」とか「キリスト」と呼ぶために紛らわしく思われる方もあると思うので、ここでイエス・キリストという呼称について説明しておきます。これは日本人の名前のような姓と名、あるいはFamily NameとGiven Nameのようなものではありません。イエスがいわゆるGiven Nameでギリシャ語から来ており、ヘブライ語ではヨシュアです。キリストは名前ではなく、救い主（メシヤ）を表すギリシャ語のクリストスからきています。したがって、イエス・キリストは「救い主イエス」という意味です。

エルサレム旧市街 聖墳墓教会

排他的な愛

もし聖書がでっち上げだとしたらどうなるでしょう。殉教した人々は犬死にとなり、歴史上の世界中のクリスチャンは騙されたたことになります。史上最大の詐欺、あるいはマインドコントロールされたということになるのです。

では、聖書がでっち上げかどうか検証するにはどうすればよいのでしょうか。まず聖書を調べるのが本筋でしょう。聖書の中心的な教えを考察することで、キリスト教がどのような宗教であるか見えてくるはずです。

「わたしが道であり、真理であり、いのちなのです。
わたしを通してでなければ、だれひとり父のみもとに来ることはありません。」（聖書）

これはイエスが語ったキリスト教の核心的な言葉の一つですが、キリストを信じる者だけが天国に行ける、つまり信じない者はすべて地獄行きだと明確に宣言しています。イエスは地獄について「悪魔とその使いたちのために用意された永遠の火」「彼らを食ううじは、尽きることがなく、火は消えることがない」などと明確に説明しています。だから一人でも多くの人を救済するためにクリスチャンは伝道するのです。

「全世界に出て行き、すべての造られた者に、福音を宣べ伝えなさい。」（聖書）

これはキリストの大宣教命令です。この言葉に従い、多くの宣教師が人生を捧げ命を捨てました。牧師や神父たちは伝道のために人生を捧げます。信徒たちは宣教師や教会の指導者たちを背後で支えます。

クリスチャンたちは「わたしを通してでなければ、だれひとり父のみもとに来ることはありません」というキリストの言葉が、逆の立場から見れば全く排他的であるとは考えてもみません。彼らは信じていない人々に「あなたたちはキリストを信じなければ地獄に落ちるのですよ」と脅迫しているようなものです。そんなことを人々の前で実際に言ったらどうなると思いますか。当然、まともじゃないと思われるに違いありません。ですから「誰でもキリストを信じるだけで天国へ行けるのです」「キリストはあなたのために命を捨ててくださった」と伝えます。そして「神の愛」を強調します。何という見事なすり替えでしょう。なぜ多くの人がこのような言葉を真に受けるのでしょうか。

「すべて、疲れた人、重荷を負っている人は、わたしのところに来なさい。わたしがあなたがたを休ませてあげます。」（聖書）

この聖句は、教会の案内板などでよく見かける言葉です。この内容だけから見ると、キリストが苦しんでいる人や悩んでいる人を助けてくれるように思えます。しかし、キリストはそのような意図でこの言葉を発しているのではありません。ここで言う「疲れた人」「重荷を負っている人」というのは、贖罪のために形式的ながんじがらめの律法によって支配され苦しんでいた、当時の人々のことです。この言葉の後には次のような言葉が続いていきます。

「わたしは心優しく、へりくだっているから、あなたがたもわたしのくびきを負って、わたしから学びなさい。そうすればたましいに安らぎが来ます。わたしのくびきは負いやすく、わたしの荷は軽いからです。」（聖書）

イエスは彼らに心の問題としての罪を示して、人々を律法の束縛から解放し、内的な自由を与えようとしました。このように、聖書の言葉はすべて神と人間との関係を示しているのであって、個人の幸福や人生の問題を扱っているのではないのです。

しかし苦しんでいる人、悩んでいる人、孤立している人たちにとっては、聖書の言葉は力強く心惹かれます。聖書は、救いとか罪の赦し、永遠の命、祈り、慰め、真理、知恵、光、道、力、愛、恵み、幸い、豊か、喜び、感謝、信頼、自由、栄光、勝利、祝福、平安、希望、平和などの、時代を超えた普遍的な価値観やポジティブな言葉に満ちています。膨大な聖書の内容の本質を見抜くことは、一介の信徒には不可能です。聞けば聞くほど聖書の言葉の洪水に流され続けていきます。

キリスト教の救いとは、信じる者には誰にでも与えられる神の大きな愛です。その神の大きな愛を受け取らない責任はどこまでも人間側にあります。パウロはこのことを「神は人間に自由意志を与えた」と説明しました。滅びるか滅びないかの選択は自分で決めよ、ということです。自由意志と言いながら、ほとんど脅迫ではありませんか。パウロの表現は誘導的で、言葉の持つマインドコントロール力がフルに発揮されています。

エルサレムの公園内のイエスの言葉

エンドレスの感謝

キリストと共に十字架につけられた強盗は、死ぬ間際にキリストを信じました。キリストは彼に「あなたは今日、私と一緒にパラダイスにいるであろう」と語りました。強盗はただ信じるだけで天国に入ることができました。キリストの救いは、この強盗の救いにも示されたように「無代価の神の愛」と言われます。信じるだけで誰にでも無条件に救いが与えられるということです。しかし、本当にそうなのでしょうか。

実は、信じて洗礼を受けたなら、そのままその教会の会員になります。会員として、日曜日ごとの礼拝や献金や奉仕などを生涯続けていくことになるのです。信徒は「無代価の神の愛」に感謝し続けなければなりません。何というエンドレスの思い込みの世界でしょう。

信徒は礼拝で「イエス様が私たち人間の罪のために死んでくださって、私たちに永遠の命を与えてくださった主の限りないご愛に感謝します！」と祈り、感謝の献金を捧げます。信じるだけで救われるのではなく、本当は人生をかけて献金や奉仕や時間やあらゆるエネルギーを捧げていくことになります。しかし信徒たちにとっては、地獄に落ちるべき自分たちが天国に入れていただけるのだから、どんなに感謝しても惜しくはありません。感激して泣きたいほどです。自分がどうしようもない罪人だと自覚するほど、感謝の気持ちは大きくなります。

礼拝ではいつも福音（キリストの死と復活による救い）について繰り返し語られ、罪を赦し永遠の命を与えてくださった神の愛に感謝します。それが礼拝の目的です。日曜日ごとに、このような礼拝が二〇〇〇年近く繰り返されてきました。

キリスト教は罪を認識させる宗教と言えます。罪の自覚こそ、クリスチャンの成長に不可欠なのです。だから成熟したクリスチャンと言われるほど謙遜で謙虚で敬虔な人柄、つまりキリストのようになります。パウロは「私たちはキリストによって神に献げられる良い香りです」と語っています。キリストの香りを放つような人格になることがクリスチャンの理想の姿なのです。

ところで、キリストを信じる者に永遠の命を与えてくださるといいますが、天国があるかどうか誰にもわかりません。天国があったとしても、自分が天国に行けるかどうかは死んでみないとわかりません。天国に入れるかどうかを決めるのは、人間ではなく神だということです。つまり、自分が天国入場の合格基準に達しているかどうかは、誰にもわからないのです。

天国に行くために殉教した人も数知れませんが、契約書や保証書の一つもなく命や人生を差し出すのはあまりにも無謀ではありませんか。それを信仰と言うのなら、その根拠はいったい何なのでしょう。もちろん聖書の言葉です。ただ信じるだけです。私も天国を信じていました。なぜなら聖書に約束されているからです。聖書は神の言葉です。それを信じるのが信仰だということです。

では、百歩譲って天国に行くことができたとしましょう。天国には果たしてどんな人たちが来ているでしょうか。意外に牧師や指導者たちが脱落しているかもしれません。熱心に信じていた信徒たちもなぜかふるい落とされて、来ていなかったりするかもしれませんね。

あるいはまた逆に、教会にいた信徒や教師たちはほとんど全員無事に来ているかもしれません。特に、死ぬ間際に駆け込みで信じた人はラッキーでした。十字架上で救われた強盗のように、教会生活も献金も奉仕もほとんどすることなく、ただ信じるだけで天国に入ることができたのですから、こんなありがたいことはありません。

天国に入れるかどうかの基準は福音を信じることですが、信仰の合格判定を出すのは神様ですから、信者は死ぬまで教会につながり続けるしかないでしょう。毎週の礼拝出席や献金や奉仕だけでなく、教会内の人間関係も想像以上に難しいのですが、天国もそのような人々が集まるわけです。嫌われ者であれ、変わり者であれ、無学な者であれ、たとえ犯罪者であれ、いかなる者も信じたら皆救われます。問題は限りなく発生していきます。信徒や指導者の対立や分裂も珍しくはありません。

そのようなクリスチャンたちも皆、天国に行けばキリストのように清い心に変えられるのでしょうか。天国では争いも悩みも苦しみも悲しみもないといいます。イエスは、天国では夫婦といった観念もなく、天使のような存在になると言っています。つまり地上的な幸福など天国にはなく、神と共にあることが天国における幸福なのです。ただ神にまみえて、永遠に賛美しながら喜んで生きるのです。まるで修道院のような天国です。そのようなところに本当に行きたいのでしょうか。

神が人間に与えてくれるという永遠の命がどのようなものであるか、聖書には特に書かれていません。しかしクリスチャンは、その永遠の命を得るために地上での人生を神に捧げて生きていきます。どのような世界なのか想像すらできない永遠の命のために、この地上の人生を神に捧げることができるのはなぜなのでしょう。それはただ聖書を神の言葉として信じているからなのです。

私はつい最近、ある牧師との会話で「私は天国に行くために信仰していたのではなく、この世に生を受けたのだから、人生をより人間らしく幸福に生きるために信仰していたのです」と言いました。牧師は、私のそのような考え方は信仰的ではないと指摘し、信仰の目標は永遠の命を得ることにあるのであって、この世での生活は通過点に過ぎないと答えました。

この対話の内容には、クリスチャンの世界観が見えてきます。クリスチャンは生きているこの世界よりも永遠の命を得ることに価値を認めます。私はもちろん、永遠の命を信じていました。だからこそ、真剣に家族に信仰を伝えました。しかし、どのようなものか知る手がかりもない永遠の命について、地上で生きている人間が期待の仕様もないし、それこそ神に委ねるしかないと考えていました。むしろ、この地上で与えられた生を全うすることが、人間として大切なことのはずです。たった一度きりの人生をまっとうに生きたいと願うのは、人間に備わった良心だと思います。

ユダの荒野にAD５世紀頃造られたワジケルトの修道院

神のみこころ

「わたしに向かって、『主よ、主よ』と言う者がみな天の御国に入るのではなく、天におられるわたしの父のみこころを行う者が入るのです。」（聖書）

これは山上の垂訓でイエスが語った言葉ですが、聖書の中でこの言葉ほど矛盾に満ちていてクリスチャンを混乱させる言葉はないと思います。つまり、これは「クリスチャンが皆、天国に入れるわけではない。神様のみこころを行うクリスチャンだけが天国に入れるのである」ということです。他のクリスチャンや教会を批判し裁くのにうってつけの言葉なのです。そしてクリスチャンは、みこころという言葉を、機会あるごとに頻繁に用います。

本来はどのような意図でこの言葉は語られているのでしょうか。イエスは、当時の宗教指導者たちが口先ばかりで神を崇めている偽善者であり、律法や戒律でがんじがらめのその行いは神の求める基準には遠くかけ離れていると批判しています。そして「天の父（神）のみこころを行う」とは、一点の曇りもない清い心で神に従うことなのです。

しかし、この「神のみこころ」という言葉が教会の中で一人歩きをし始めて、他のクリスチャンを裁きます。特に熱心なクリスチャンが槍玉にあげられやすいのです。同じクリスチャンどうしであるのに、相容れない信徒や指導者に対して神のみこころを行っていないと言って批判し裁き合います。時には教会が分裂する原因にさえもなります。

どうして人間に「神のみこころ」がわかるでしょう。人間に「神のみこころ」などわかるはずがありません。クリスチャンは「神のみこころ」に導かれて信仰生活していくわけだから、信仰というのは「思い込み」に導かれていくようなものかもしれません。

私は関東に移って暮らしていたとき、地域のある教会に一年半ほど出席しました。しかしその教会でいろんなトラブルに巻き込まれ、また教会内で牧師と信徒の対立が深刻でした。そのために日曜日が近づくといつも心が重くなり、教会で受けるストレスは仕事にも大きな支障でした。いろんな立場の人と話し合ったりもしましたが、それぞれに長い間抱えてきたどうすることもできない教会に対する複雑な思いや経験がありました。そしてついに限界を感じ、その教会を離れることにしました。いろんな奉仕も関わっていたので、牧師にその教会を離れる意思を手紙で伝えました。その時に牧師からもらった返信の手紙の言葉にあきれてしまいました。

「あなたは牧師を裏切って、天国に行ったら私とどんな顔をして会うつもりですか」

私はその教会ではまだ正式会員であろうとなかろうと変わりなく、クリスチャンとして最善を尽くしました。個人的な事情でその共同体を離れるからといって、なぜ裏切り者呼ばわりされるのでしょうか。仲間であったときには兄弟姉妹と呼ばれても、そこを去ったら手のひら返しです。このような牧師は本当にまれでしたが、クリスチャンが教会を移動するということは、並大抵のストレスではありません。そして新しく教会を探すことも至難の技です。ですから多くの信徒は、見ざる言わざる聞かざるで、地元の教会につながり続けるほかありません。

神のみこころなのか、牧師のみこころなのか、私のみこころなのか、私のような長く信仰生活を経験した者であっても、教会というところが何のためにあるのかわからなくなるほど複雑な気持ちでした。そのような教会難民は多くいて、地域に自分に合う教会が見出せず信仰を離れる人も多いのです。

クリスチャンとノンクリスチャン

ある牧師が、神との臨在の中にある平安こそが人間の本当の幸福だと言いました。神の臨在、それは罪赦された者の特権です。臨在とは神が共にいることです。キリスト教では、この地上での幸福は神との関係の中で見出します。それは神と共に永遠に生きることなのです。イエスが山上の垂訓で語ったのはそのようなことでした。

ここで二つの疑問が生じます。まず人間の幸福とは、何よりも人間関係の中で見出すべきものではないのでしょうか。かけがえのない家族がいて、大切な友人がいて、信頼できる地域の人々がいて、多くの人々が生きている世界、その中で幸福になるのが人間の自然な欲求ではないでしょうか。

しかし、キリスト教の排他性は人間関係を崩壊させてしまいます。
プロテスタントの福音派（聖書に忠実に従い、伝道を重視するプロテスタント派）クリスチャンは、信徒どうしでノンクリスチャンという言葉をよく使います。この時にクリスチャンは、無意識的に排他的ニュアンスでこの言葉を使っていることにはほとんど気づいていません。福音派の信仰は「ローザンヌ誓約」（福音派的キリスト教の誓約文書）に表明されており、ノンクリスチャンについても次のように定義されています。

「ノンクリスチャンの同義の語として、異教徒、偶像教徒、非再生者があり、ノンクリスチャンの神学上の定義は、生まれながらの人、罪の中に死んだ者、怒りの子、サタンの子、悪魔の子、神を知らない人々、霊魂と肉体の全ての機能と部分において全的に汚れた者、である。」（『Wikipedia』）

このような定義には、人間はクリスチャンとノンクリスチャンの二種類のグループに分けられるという、排他的・差別的な思想が含まれています。このような固定観念に支配されているクリスチャンの目には、ノンクリスチャンの人々の心が見えにくくなるでしょう。日本ではマイノリティであるクリスチャンは、社会で居場所を見出すことも困難になり、教会というシェルターに居場所を見出していくようになります。

二つ目の疑問は、「神の臨在」と言っても、神は共にいていったい何をするのでしょう。臨在という宗教用語はいかにも霊的な表現ですが、要するに神はいつも共にいて、人間の罪を監視し支配しているにすぎません。それは決して対等な関係ではなく絶対的な支配であり、一方通行の関係です。キリスト教は支配の宗教であり、そこには人間の自由や幸福など微塵も見出せません。

「神が共におられます」という言葉は、聖書に繰り返し出てきて信徒たちを勇気づける言葉です。天地を創造した全能の神が共にいるのなら何も恐れることはありません。しかし、いったい何を根拠に神が共にいると信じるのでしょう。もちろん聖書の言葉です。ここでも信仰とは聖書の言葉による思い込み（マインドコントロール）の世界だと気づかされます。

このマインドコントロールを解くことは不可能に近いのです。ところが、私は奇跡的にマインドコントロールが解けました。ある牧師は私に「神（キリスト）がいないことを証明することなんて不可能だ」と断言しました。もちろん神の存在について議論してもキリがないし、どこまでも主観的な見解に終わるでしょう。しかし私は何としても、神がいないという結論に至ったことを説明しなければなりません。それがマインドコントロールから解けた私の使命だと考えています。

マインドコントロールというのは思い込みの世界ですから、自分が思い込んでいることが間違っていることに気づくことが重要です。キリスト教の場合は、内在する罪の認識が信仰の出発点であり、罪の自覚こそがキリスト（神）を信じ続ける理由です。この罪認識がはっきりしているクリスチャンほど信仰も篤いと言えます。ですからこの罪認識を解くこと、つまり罪人という概念から解放されることが、聖書によるマインドコントロールから解かれる糸口になり得ると思います。

私の場合は、神などいなかったことにまず気づきました。なぜなら、神が共にいたなら起き得ないことが私に起きたからです。それは聖書の言葉とは矛盾するどころか、論外なほどギャップがありました。神がいないことがわかると、自然に罪認識の価値観から解放されました。それだけでなく、目からウロコが落ちるように聖書の世界観から解放されたのです。

刷り込み

アヒルの雛は、最初に見た動くものを親と認識して追いかけていく習性があり、そのような習性を刷り込みと言いますが、人間にも似たような状況が起きます。それは「三つ子の魂百まで」とも言われるように、幼少期に受けた教育は、コンピューターのソフトのようにその子の人生を決定づけるほどの影響を与えるということです。どのような親に育てられ、どのような環境に生まれるかということは、その子の人生にとってかなり決定的とも言えます。

私は自分の過去を振り返ることはほとんどありませんでした。子どもの頃の私はそれなりに幸せだったし、結婚後は日々を生きるのが精一杯の時期もあったし、また特に自分自身に問題意識も感じていませんでした。でも人生を喪失して初めて、その原因が自分の人生全体につながっていたことに気づかされました。私は不毛の人生を生きるために生まれてきたし、生まれるべきではなかったと思いました。なぜなら、私はクリスチャンになるしかない環境に生まれてきたからです。

私の人生は、さらに母の人生ともつながっていました。母は、四国南部の自然豊かな村里で戦前に生まれました。母の母親は、母が六歳のときに結核で亡くなりました。血を吐き苦しみもがきながら死んでいった若い母親の死は、幼かった母の心を閉ざし、寂しい子供時代の母を慰めたのは、故郷の豊かで美しい自然だけでした。やがて戦争が終わり、キリスト教が日本中に伝えられ、人生に何の希望もなかった母はクリスチャンの編み物教室の先生から聖書の話を聞き、喜んでクリスチャンになりました。

同じ頃父も、街の至る所で行われていたキリスト教の伝道集会でたまたま聖書の話を聞き、とても良い話だと思い、牧師に勧められるままに洗礼を受けました。その頃は学校の講堂や集会所や天幕などいたる所で伝道集会が頻繁に行われ、あふれるほどの人が集まっていたと聞いています。そのような戦後の混乱期の貧しい暮らしの中で両親はキリスト教に出会い、そのような両親のもとに私は生まれました。

物心つく前から、熱心なクリスチャンの母に連れられて教会に行きました。幼稚園の頃からは日曜日ごとに教会学校の礼拝に行き、小中高とほとんど休むことなく礼拝に出席し、いつも皆勤賞や精勤賞をもらいました。貧しかった時代、クリスマスやイースターなどの行事は子どもにはとても楽しみで、キリスト教のイメージは西洋文化への憧れとも重なっていたと思います。その頃の日本人は敗戦国という意識もまだ強く、誇りも失っていて、西洋のものはすべて良いものであり学ぶべき価値があるという風潮でした。そんな時代背景の中で私が毎週教会で聞いた聖書の話は、私の人格形成に確実に影響を与え続けました。

まず、人間はすべて罪人だということ。これはキリスト教の出発点です。罪というのは神に従わないことですが、嘘や盗みや争い、怒り、憎しみ、妬み、我欲、情欲、怠惰、傲慢などの、一般的にネガティブに考えられている行動や情緒も罪だと教えられています。そのように教えられれば、すべての人間は罪人であるということぐらいは子どもでも簡単に理解できます。

エデンの園で、アダムがエバにそそのかされて、神が食べてはいけないと禁じた命の木の実を食べたことが罪の始まりです。罪のために神との関係は断絶し、二人は園から追い出され、苦しみや死が与えられました。このようにしてアダムの子孫、つまりすべての人類はアダムの罪を受け継ぎ、人間には原罪があるといいます。そして罪とは、神に従わず自分の思い通りに生きることなのです。

教会学校では毎週、罪をイエス様にお詫びするように教えられました。そして罪を犯さないように守ってくださいと祈ります。しかし、そんなことが可能でしょうか。家に帰れば弟とケンカもするし、両親の目を盗んで置きっぱなしの財布から小銭を失敬し、嘘をつくこともあれば、勉強を怠けたくなることもあります。反省するどころか、するなと言われれば余計やめられなくなるのが子どもかもしれません。

でも教会の大人たちは、皆熱心に悔い改めて罪が赦されたと喜んでいます。そんなクリスチャンたちが私には全く理解できませんでした。思春期になってもスッキリしないどころか負担を感じ続けます。のびのびと心が成長していくべき時期に、聖書の価値観が私の人格をがんじがらめにしていきました。フィルターがかけられ、見えなくされていったのです。

罪を告白したところで人間の心は変わりません。キリスト教で罪だと言われている人間のネガティブな性質は、はたして罪なのでしょうか。そしてなぜキリスト教では、人間には原罪があるというのでしょう。

結論から言うと、人間に原罪などありません。そして原罪というのは、すべての人間に神の支配を認めさせるための口実にすぎません。嘘や盗みや争い、怒り、憎しみ、妬み、怠惰等々、これらは人間の自然な情緒から発生するものです。むしろこれらの感情がなければ、まともな人間ではありません。嘘も必要な時はあるし、幼い時に欲しいものを盗ることもあるし、争うことも時には必要であるし、憎しみも必要な感情であるし、妬む感情も向上心につながっていきます。むしろこれらの感情が全くなければ精神障害だと言えます。

これらの感情は人間の中に初めから存在するのではなく、周囲の環境や人間関係の中で精神活動として自然に生じてくるものです。例えば、盗みも好奇心が芽生えてきた子どもがついお金や物に手を出すようになるというようなもので、必ずしも罪悪感を伴うものでもありません。単に欲しいという強い欲求の芽生えの現れです。幼い頃に人の物にこっそり手を出した経験は誰にでもあるのではないでしょうか。だからと言って、成長してみんなが泥棒になることはありません。分別がつくようになると自制力が生じます。適切な教育によって自身の様々な感情をコントロールして、社会で豊かに生きる人格が育てられていきます。ネガティブな情緒も人間らしく生きるために必要で、いかに心をコントロールするかによって豊かに生きる力にもなり得るのです。

しかし私は幼少期に、人間はすべて罪人であるという教えを刷り込まれ、自分を正しく認識できず苦しみ続けることになります。高校三年生のクリスマスに洗礼を受けた後、大学生時代は自分のアイデンティティーを見失いそうなほど苦しみました。教会生活は窮屈で意味もなく、大学生活も中途半端になりました。クリスチャンになったものの、聖書の教えは私には実行不能で理解不能でした。自分で自分を受け入れられなかった苦しみの原因は、自分が罪人だと刷り込まれていたからでした。自分で自分を受け入れられない私は、結局他者を受け入れることもできなくならざるを得ませんでした。自分自身に絶望する病は、パウロ自身がローマ書で、彼自身が絶望している姿と重なります。

「私には、自分のしていることがわかりません。私は自分がしたいと思うことをしているのではなく、自分が憎むことを行っているからです。……ですから、それを行っているのは、もはや私ではなく、私のうちに住みついている罪なのです。私は、私のうち、すなわち、私の肉のうちに善が住んでいないのを知っています。私には善をしたいという願いがいつもあるのに、それを実行することがないからです。私は自分でしたいと思う善を行わないで、かえって、したくない悪を行っています。もし私が自分でしたくないことをしているのであれば、それを行っているのは、もはや私ではなくて、私のうちに住む罪です。そういうわけで、私は、善をしたいと願っているのですが、その私に悪が宿っているという原理を見出すのです。」（聖書）

このパウロの苦しみは、自分を罪人と認識させられた人間の宿命です。つまり、クリスチャンの正しい苦しみ方でもあるのです。

この罪の認識がクリスチャンの出発点です。パウロは、そのような自分の罪をどうすることもできず、滅びるしかない人間のためにキリストが十字架にかかってくださったのだと述べ、ゴールへと導きます。キリストを信じるならすべての罪は赦されます。もちろん罪を犯さなくなるわけではありませんが、エデンの園でアダムが罪を犯して以来断絶されていた神との関係は、キリストを信じることで回復されます。そして永遠の命が与えられるのです。

パウロによれば、人類の救いとはこの世的な物質の追求や幸福に求めるのではなく、神の導きによってより高い霊性を獲得していく過程なのです。つまり物質的な現実世界は、矛盾と不幸に満ちている不完全なものとして認識されています。

パウロは、人類の歴史を変えた天才です。もし彼が現れなかったら、キリスト教はイエスの死後まもなく消えていたでしょう。キリスト教はイエスの教えというよりもパウロによって生まれた宗教とも言えます。パウロはキリストの福音を命がけで地中海沿岸の諸国に伝えました。パウロこそ今日の世界を作った人物だと言えるのです。

ユダヤ人の彼は、イエスの説いた罪という概念を明確にしてローマ帝国に最初に植えつけました。パウロのこの人間心理に関する教えは、西洋の歴史や文学や思想などに大きな影響を与えました。シェイクスピア、ゲーテ、トルストイ、ドストエフスキー、リルケ、フロイトなどの思想や文学テーマなどにも反映されています。

新約聖書の内容の大半は彼の手紙です。キリストの生涯について書かれている福音書と、使徒行伝やヨハネの黙示録などの文書以外は、ほとんどパウロが諸国の教会に宛てて書いた手紙です。パウロは教会という組織の基礎を築いて具体的に指導した人物であり、キリスト教発展のレールを敷いた人物なのです。それ以後、キリスト教は教会という組織の形で世界に広がっていき、クリスチャン生活＝教会生活となっていきます。

では次に、なぜキリスト教では人間には原罪があると主張するのか、という二つめの疑問に戻ります。それは罪人だと認識させることで、神の支配を受け入れさせるためです。そして信じた者は、そのまま教会という共同体の一員として取り込まれていきます。人間は皆罪人だという点で、身分や職業や性別や民族や国籍などに関係なく、神の前に平等だと教えられます。このような教えを国および世界の支配に利用するような形で、キリスト教は世界中に広められていきました。

教会の指導者たちには教会を監督する権威が神によって与えられています。中世ヨーロッパでは、ローマ・カトリック教会によって免罪符が大量に販売されたようなことからも、人々は罪赦されて天国に行くことを切に願っていたことがわかります。罪という概念によって人々の心が絶対的に支配されていたということです。

罪の認識は人々の心をがんじがらめにし、人間の本来の欲求や感情を押さえつけてしまいます。抑圧された感情はストレスとなり、健全な人間関係は失われていきます。なぜなら罪意識というのは、自分を責めると同時に他者の罪をも責めることにもなるからです。だから、そのような罪人の集まりである教会という共同体は、本来許しあう共同体のはずが、ひとつ間違えば罪を裁きあい分裂する危険性も非常に高いのです。私はそのような矛盾に満ちた教会の姿を数多く見てきました。

オリーブ山麓の「万国民の教会」のステンドグラス

ある牧師の死

私が小学生の頃、神学校を出たばかりのY牧師が赴任してきました。三〇歳前後のとても優しくて気品のある、いかにも牧師らしい方でした。彼はもともと税理士でしたがクリスチャンになり、神学校で学び牧師になったのです。

教団では、その頃は牧師たちの配偶者も先輩指導者たちが紹介することが一般的で、Y牧師もそれに従ってまもなく結婚しました。教会で行われた天国の宴のような結婚式は、私の心に深く刻まれています。

しかしY牧師の結婚生活はストレスに満ちていたと思われます。教会では、明治生まれの高齢で厳格な女性牧師が主幹牧師でした。Y牧師には二人の子どもも生まれましたが、まもなく彼は大腸ガンを発症し若くして亡くなりました。亡くなる間際に主幹牧師が彼の病床を訪ね、天国へ行くために最期の罪の悔い改めを促しました。ところがY牧師が最期に告白した罪は、支配的なその主幹牧師をとても憎んでいたということでした。

その話を主幹牧師は礼拝で語って、Y牧師がすべての罪を赦されて天国に凱旋したと話しました。中学生だった私はとても違和感を覚えました。ガンで死ぬのも苦しいのに、そんな罪まで告白しないと天国に入れてもらえないのか……。Y牧師の死は美化され伝えられましたが、今もその牧師のことを思うと、なんて悲惨な人生だったのだろうかと胸が痛みます。

税理士という仕事を捨ててまで神のために人生を捧げたのに、なぜ神はまだ若い前途有望な牧師の命を奪ったのでしょうか。洗いざらい罪を告白して、彼はどんな思いで亡くなったのでしょうか。主幹牧師を憎むのは罪とは思えません。支配的で時代錯誤も甚だしい主幹牧師のやり方に、多くの人が不満を感じていました。しかし、神と牧師に対する絶対的な服従が常に強調され、それが信仰の正しい姿勢であると教えられ続けました。私はそのような教会で育ち、自分のアイデンティティーを喪失していったのです。

珠玉の「愛の章」

なぜパウロは、あれほどまでに熱心に、書簡でクリスチャンたちに愛の教えを説き続けたのでしょう。コリント一三章は「愛の章」あるいは「愛の雅歌」とも呼ばれ、パウロの書簡の中でも最も有名で賞賛されています。愛という概念を具体的に人類に初めて示したのも、パウロの功績かもしれません。

「愛は寛容であり、愛は親切です。また人をねたみません。愛は自慢せず、高慢になりません。礼儀に反することをせず、自分の利益を求めず、怒らず、人のした悪を思わず、不

　正を喜ばずに真理を喜びます。すべてをがまんし、すべてを信じ、すべてを期待し、すべてを耐え忍びます。愛は決して絶えることがありません。……こういうわけで、いつまでも残るものは信仰と希望と愛です。その中で一番すぐれているのは愛です。」（聖書）

　ここでは、愛は罪とは全く対照的なイメージです。パウロは、罪赦されたクリスチャンたちが目指すべき方向を示しました。模範的な信仰生活を具体的に示すことで、クリスチャンは教会の中で成長を目指します。しかし実際のところは、パウロが示したような愛を実践することがクリスチャンに課せられることになるわけです。

　それが矛盾していることに気づきませんか。罪の場合と全く同じです。ネガティブな感情もポジティブな感情も人間に備わっている、人間が人間らしく存在するための感情です。どちらが悪くてどちらが正しいというものでもなく、相手や周囲との人間関係の中で自ら直接感じ取るべきものです。彼が示した愛の規定は罪の認識と全く同じで、人間の心をがんじがらめにしていきます。このような愛のある人間になりなさい、というパウロの教えは、罪の場合と同じように、人間のアイデンティティーを否定し破壊していきます。そこに書かれている言葉は宝石のように輝いているようでも、人間の心の輝きを奪い続けます。

　この「愛の章」をもっとわかりやすく書き換えるなら「愛というものは誰に対しても寛容であるべきで、親切であるべきです。妬みは罪です。自慢や高慢も罪です。無作法も、利己主義も、苛立ちや恨みをもつのも罪です。ただ真理を喜ぶべきです。すべてを忍耐し、信じ、望むべきです」となります。このように書くと同じ内容なのに全然違って感じられます。しかし言っていることは全く同じことなのです。

これでもパウロの言葉の詭弁性に気づかないでしょうか。このパウロの「愛の章」も、結局は人々に罪を認識させる規定にすぎません。そのようにできない自分を責め、相手をも責めることになります。せっかく福音によって罪から解放されたクリスチャンに、さらなる苦しみをもたらしているわけです。パウロの述べる愛とは道徳や倫理の範疇でしかなく、このような言葉に人類が感動し踊らされてきたことを考えると、聖書力に改めて驚かされため息が出ます。もちろん私もその一人でした。

もしこのような愛を実際に実践している、と言う人がいるのなら、その人は偽善者でしょう。愛というのは、対象者との具体的な関係性の中で自由に生まれてくるもので、一定の言葉で規定されるべきものではないはずです。このような律法的な言葉で導かれる教会の中は、どれほど息苦しいものでしょう。終わりのない罪意識との戦いの連続です。

一見平和そうに見える教会ですが、何も問題がないのも問題です。人間社会は矛盾に満ちているのに、教会の中だけ平和でいられるでしょうか。むしろ苦しみや弱さが集まる場所であるはずです。もし教会があなたにとって居心地の良い陽だまりのようであったなら、それは本来の教会の姿ではありません。気心の知れた身内どうしが寄り集まった閉鎖的な共同体でしょう。

苦しみや悩みを抱えている人々がシャットアウトされているだけなのです。

パウロの示すような愛の共同体は虚偽にすぎません。人間のありのままの心の苦しみや喜びを否定し、彼の倫理観を押しつけられただけの修道院のようなものです。そのような教えに従うクリスチャンには人の心が見えなくなり、人間のありのままの姿を感知することもできなくなってしまいます。なぜなら、聖書的な価値観でしか人間を見ることができなくなるからです。

そのような教会に、本当に苦しみの中にいる人々を受け入れる余地があるのでしょうか。

フィルターをかけられる

「フィルターをかける」というのは、ふるい分けるとか選別するという意味ですが、ここで「フィルターをかけられる」というのは「気づかないうちに、そのような目で物事を見るようにされている」というような意味合いで使っています。

幼少期の聖書教育は私の心にフィルターをかけて、成長するにつれ、社会生活で生きづらさを感じるようになっていきました。小学生のとき、学校で約五〇〇人の生徒のうち、教会に行っているのは私一人だけでした。生徒数約二〇〇〇人の中学校でも、誰も教会に行っていませんでした。マイノリティであることが生きづらいのではなく、聖書の教えそのものが日本の社会や文化と相容れないのです。

教会学校でよく聞かされた旧約聖書の物語で、イスラエルと異邦人の国々との戦いの話があります。イスラエルの歴史は、周辺諸国や民族との戦いの歴史でした。旧約聖書にはそのような記事が満載です。民族や国家が互いに滅ぼすか滅ぼされるか、相手を殺すか殺されるかの戦いの連続でした。イスラエル民族の戦いの大義は、偶像崇拝をする異邦人は聖絶しなければならないということでした。イスラエルの律法では、「十戒」にも書かれているように、偶像崇拝は一神教のヤハウェの神（ユダヤ教の神の呼び方の一つ）が禁じる最も排除されるべき罪です。もっとわかりやすく言えば、偶像崇拝は他の神様との不倫のようなものなのです。

例えば、羊飼いの少年ダビデが、全身に鎧《よろい》をまとったペリシテ軍の身長三メートルほどの大男ゴリアテの眉間《みけん》に、手持ちの石投げ器で見事に石を命中させて倒すという話は、旧約聖書の中でも圧巻です。

なぜイスラエルはペリシテ人と幾度も戦ったのでしょう。もちろんそれはイスラエルが約束の地カナンを征服するためでしたが、その戦いの大義は、ペリシテ人が異教徒であり、偶像崇拝を行う民族であったということでした。

興味深いことは、ペリシテ人というのはＢＣ一三～一二世紀頃、ヨルダン川西域の海岸平野に建国した民族であり、約束の地カナン（地中海とヨルダン川、死海に挟まれた地域一帯）に定着したイスラエル人にとって最大の強敵でした。今日のパレスチナの地名は彼らに由来していますが、今日のパレスチナ人と旧約時代のペリシテ人とはつながりはありません。

パレスチナ（カナン）地域は三大陸の結節点に位置し、その位置的な重要性から相次いで周辺大国の支配を受け続けました。古代、カナンと呼ばれていたこの地域がパレスチナと呼ばれるようになったのは二世紀以降です。「ＡＤ一三五年にローマ皇帝は、それまでのユダヤ属州名を廃し、属州シリア・パレスチナと改名した。ローマとしては、幾度も反乱を繰り返すユダヤ民族からアイデンティティーを奪うため、それより千年も昔にユダヤ民族に敵対したペリシテ民族の名を引用した」（『Wikipedia』）ということです。このあたりに、今日のパレスチナ問題の起源があると考えられますが、気の遠くなるような時間が流れているわけです。

また他にも、エリヤのカルメル山でのバアル神との対決も有名です。私は聖地旅行で実際にカルメル山にも行きましたが、およそ三〇〇〇年前、そこが戦いの場であったとは想像もつかないほど、平和でのどかな木々の緑豊かな山でした。

エリヤは旧約聖書に登場するイスラエルの預言者（古代の宗教的指導者）で、神の命令に従い、たった一人でバアル神（古代カナン地域で広く信仰されていた神）を崇拝する四五〇人の預言者たちとカルメル山で対決します。どちらの神が祭壇の生贄《いけにえ》に天から火を下すことができるかという対決でした。四五〇人のバアル神の預言者がもがき苦しむほどに祈っても全く反応はなく、エリヤが祈ると天から火が降ってきて、イスラエルの神が勝利します。

私はこのようなおとぎ話のような話を毎週のように繰り返し聞かされながら、その話が歴史的真実であったかどうかはともかく、偶像崇拝に対する嫌悪感を増幅させられていったことは確かです。偶像崇拝は神が最も嫌悪する行いであると、心に刻みこまれていきました。これが子どもの人格形成にどれほどの弊害であるか、筆舌に尽くしがたいほどです。

まず神中心的な世界観が植えつけられていきました。それは、神を信じている自分たちはいつも絶対的に正しく、常に勝利するという教えです。だから勇気を出して異教徒たちと戦わなければなりません。

例えば、カナンの地征服の戦いの歴史書である旧約聖書のヨシュア記は、長い奴隷生活から解放されエジプトを脱出してきたイスラエル民族が、ヨルダン川西岸のカナン地域の先住民族を征服していく様子を記録しています。特にエリコの戦いの記事はドラマチックで、映画や小説などに登場するほど有名です。

城塞都市エリコの周囲をイスラエルの民は、七日間角笛《つのぶえ》を吹きながら回ります。七日目に民がときの声をあげ角笛を吹き鳴らすと、城壁が崩れ落ちエリコは陥落しました。イスラエルの斥候《せっこう》をかくまって助けた娼婦ラハブとその家族、親戚だけは命を助けられました。ラハブは異邦人でありながらダビデやイエスキリストの先祖となり、キリストの系譜に彼女の名が挙げられています。このようにして、先住民たちは偶像崇拝者たちであるがゆえに滅ぼされていき、イスラエル人は勇敢に戦いながら、神の与えた約束の地を回復していきます。

教会の集会で歌われる聖歌には、勝利という言葉が不自然なほどよく使われます。例えば、聖歌五一六番は集会でよく歌われる曲です。

一　世人は敵に　破らるるとも
われらは常に勝利
汚れを憎み　罪に打ち勝ち
われらは常に勝利
（繰り返し）
われらは常に勝利　勝利　われらは常に勝利
世に勝ちませる　主共にませば　われらは常に勝利

四　み空に昇り　主に見（まみ）ゆる日
われらは常に勝利
世の旅路にも　良き戦（いくさ）にも
われらはついに勝利
（繰り返し）

プロテスタントのクリスチャンは集会でよく聖歌や賛美歌を歌いますが、その歌詞の意味を吟味しているのでしょうか。私は、この聖歌を軽快なリズムに乗って、何の抵抗もなく、数え切れないほど繰り返して歌ってきましたが、今改めて歌詞の内容を見ながら、身の毛がよだつような思いです。まるで威勢のよい軍歌のようです。

クリスチャンの信仰生活とは、この聖歌に歌われているように戦いそのものです。そして私もそのような信仰生活を送ってきました。偶像文化との戦い、罪や誘惑との戦い、社会生活での戦い、教会生活での戦い、クリスチャンはこの世にある限り戦いの連続なのです。なぜなら天国に入るまで、聖書の言葉に従って歩み続け成長していかなければならないからです。

パウロも言っています。

「私は勇敢に戦い、走るべき道のりを走り終え、信仰を守り通しました。」(聖書)

日本社会では八百万の神信仰が一般的ですから、いわば偶像だらけの文化です。生活空間の至る所に様々な神様が存在します。仏壇や神棚、神社やお寺、地域のお祭りや七五三、四国八十八か所参り、初詣、除夜の鐘、おみくじや占い、お地蔵様、お線香、法事などの行事や伝統文化が生活に密着しています。しかしこれらはクリスチャンなら避けるべき行事や習慣なのです。

知人の牧師は、最初は信用金庫の営業マンでしたが、営業地域の神社の祭りの行事などに関わることが信仰上どうしてもできず、銀行員をやめて牧師になったと話しました。

また、ある牧師は、彼の娘が中学校の修学旅行で京都・奈良方面に行くことになったのですが、旅行には参加させませんでした。神社や寺の多い地域に娘を行かせたくはなかったのです。さすがにそれは極端すぎると思いましたが、クリスチャンの偶像崇拝に対するアレルギーが理解できる例だと思います。

私は子どもの頃すでに、日本の文化が偶像崇拝だらけであることに気づいて、そのような文化に抵抗を感じ始めていました。伝統豊かな日本の文化に馴染むどころか、成長するにつれ日本文化に対する拒絶感が強まり、日本という国に対する愛着心も失っていきました。聖書の視点から見れば、クリスチャンにとって日本は、残念ながらも嫌悪すべき偶像支配国なのです。

私の目には偶像崇拝に対する強いフィルターがかけられていきました。それは日本文化への偏見ともなります。日本の歴史や伝統や文化に対するネガティブな見方が私の目を見えにくくし、社会の中で違和感を感じ生きづらくなっていくのです。

キリスト教を信じる人と信じない人々との価値観や世界観は、接点も見出せないほどかけ離れています。というより、クリスチャンは永遠の命を目指して生きているので、この世界に積極的に価値を見出そうとしない傾向があります。つまり目にフィルターがかけられ、聖書以外の価値観は排除されて、現実の世界が見えにくくなっているのです。

「私たちは、見えるものにではなく、見えないものにこそ目を留めます。見えるものは一時的であり、見えないものはいつまでも続くからです。」

「草は枯れ、花はしぼむ。だが、私たちの神のことばは永遠に立つ。」（聖書）

ここでパウロがいう「見えるもの」はこの世界を象徴し、「見えないもの」は永遠を象徴しています。枯れてしぼむ草や花はこの世界を象徴し、聖書の言葉は永遠に変わることがないと言っています。聖書には永遠という言葉が際限なく使われていますが、このような言葉も聞き続けることによって世界観や人生観が変えられていきます。

「キリストにはかえられません」という聖歌は、世界中のクリスチャンたちに最も愛されている曲の一つです。歌いやすくメロディーも美しいので、私も何気なく歌い続けてきました。

一　キリストにはかえられません
世の宝もまた富も
このおかたが私に代わって
死んだゆえです
（繰り返し）
世の楽しみよ去れ　世の誉れよ行け

キリストにはかえられません
世の何ものも

二　キリストにはかえられません
有名な人になることも
人のほめる言葉も
この心をひきません
（繰り返し）

三　キリストにはかえられません
いかに美しいものも
このお方で心の満たされてある今は
（繰り返し）

しかし今この歌詞を読むと、思わず身を引いてしまいます。なんと厭世的な内容でしょう。青少年や思春期の子どもたちにこのような歌を歌わせ続けたら、何もやる気がなくなり、社会適応障害になってしまうかもしれません。この歌詞に何の疑問も感じないとしたら、そして本気でこの歌詞のように思っているとしたら、かなり深刻なほど社会から逸脱しています。そしてほとんど自分自身（アイデンティティー）を見失っていると言えるでしょう。

「人は、たとい全世界を手に入れても、まことのいのちを損じたら、何の得がありましょう。」（聖書）

これはイエスの言葉です。「まことの命」とは永遠の命のことを言います。クリスチャンにとってこの世での幸福追求は虚しいことなのです。キリストと共に永遠に生きることこそが目標です。

このように聖書は信じる者に様々な固定観念を与え続け、心の目にフィルターをかけ、気づかないうちにクリスチャンの目には現実の世界が見えにくくなっています。しかしクリスチャンは、自分こそよく見えていると信じています。見えない永遠の世界を見ているからです。しかし現実の世界は見えなくなり、不毛の人生を生きていることにも気づくことができません。

永遠とはどのようなものなのでしょう。果たして永遠に生きることが幸せなのでしょうか。逆に考えてみるなら、キリストを信じなかった者は永遠の地獄に落ちるなんて、そんな理不尽な道理はあり得ません。天国も地獄も、永遠も滅びも、表裏一体の無茶振りです。

私はこの二年間、この世界にこそ地獄があることを直接体験しました。そして聖書の支配か

サウル王に追われてダビデが身を隠した死海のほとりのオアシス、エン・ゲディ

ら解放され、人間には死という「終わり」があるからこそ、生の喜びや意味をリアルに感じられることにようやく気づきました。人生の目的は、神と共に永遠に生きることではありませんでした。

愛とは

さらにアメージングなのは、次の言葉です。

「キリストは、私たちのために、ご自分のいのちをお捨てになりました。それによって私たちに愛がわかったのです。ですから私たちは、兄弟のために、いのちを捨てるべきです。」

「人がその友のためにいのちを捨てるという、これよりも大きな愛はだれも持っていません。」（聖書）

ここまでくると、かなり危険な思想です。『走れメロス』の世界でしょう。イエスの説く最高の愛は、兄弟や友のために命を捨てる愛だということです。

実際にこのイエスの言葉に従って命を捨てた人や、たとえ命を捨てなくても、そのような精神で世の中のために尽くした人々は星の数ほどいるでしょう。シュバイツァー、ヘレンケラー、リンカーン、キング牧師、マザーテレサ、杉原千畝、賀川豊彦、宣教師たち……。彼らは永遠の命を信じ、キリストの愛を実践したと言えます。

おそらくキリストの言う「いのちを捨てる」というのは、必ずしも文字通り「いのちを捨てる」という意味ではなく、自分自身を誰かのために犠牲にするという意味も含んでいるのでしょう。しかし、愛とは自己犠牲なのでしょうか。少なくとも誰かのためにむやみに命を捨てることが愛だとは絶対言えないでしょう。

何をするにも動機が重要です。キリストは、神であるキリスト自身が人間のために命を捨てたのだから、あなたたちもそのようにしなさいと言って、愛のお手本を示したのです。キリストはなぜ命を捨てたのでしょうか。それは、人類の罪を赦して神との関係を回復するためです。ではキリストは私たちに何のために命を捨てよと言うのでしょう。それはキリストの福音を多くの人に伝えるためです。あるいはキリストの自己犠牲の愛を実践するためでしょう。

キリストの言う愛とは、極めて狭義です。すべての動機は神につながります。「神の栄光のため」「神に栄光を帰する」という表現はそういうことです。ですからクリスチャンは意識するしないにかかわらず、神の愛を伝えるために人を愛します。つまり条件付き、制限付き、一方通行の愛だと言えるでしょう。

キリストの愛も同様です。キリストを信じる者だけが天国に行くという入場制限付きの愛、罪を悔い改める者だけが救われるという条件付きの愛、聖書の言葉通りに神に従うことを要求する一方的な愛だと言えます。

愛というのは、相手との関係性や交流から生まれてくるものです。つまり、相手のありのままの人格を受け入れ認めることが、愛の出発点だと言えます。相手をありのままに理解するためには、自分の目の曇りが取り払われていなくてはならないでしょう。キリスト教の人間観は、すべての人間は罪人であるという前提ですから、そういう罪認識のフィルターを通して相手を見ているわけで、ありのままの相手の人格を受け入れることは困難です。もちろんクリスチャンでなくても、人間には偏見や先入観や様々な固定観念があるとき、人間をありのままに認識し理解することはできないでしょう。

『チョコレートドーナツ』という映画は、ゲイのカップルとダウン症の少年の家族のような愛情を描いたストーリーですが、このような愛の本質を語ってくれるような感動的な映画でした。主人公のゲイのショーダンサー、ルディの人間を見る目には偏見も先入観も固定観念もなく、実に自由です。人を愛するとはどういうことか、それは相手を自由にし、解放します。それは自分をも自由にし、解放することになります。支配し束縛する関係では決してありません。

この映画では、一九七〇年代のアメリカ社会の、ゲイや黒人や障害者などへの差別も描かれています。そういう差別を生み出すのも、人間の偏見や先入観や固定観念なのでしょう。そういうものが取り除かれた時、人間は幸福になれるのではないかと考えさせられました。

キリストは最も大切な教えとして「自分を愛するように、あなたの隣人を愛しなさい」と言っています。善きサマリヤ人のたとえは、今助けを必要としている人の隣人になってあげなさいということです。このような隣人愛の教えが全世界に与えた影響は大きいでしょう。特に

エルサレム　オリーブ山のアラブ人少年とラクダ

社会的弱者を積極的に配慮するキリストの教えは、人類の福祉や幸福に大きく貢献しました。けれども自分の目が見えていなければ、たとえイエスの教える隣人愛を実践したところで独善的な愛になり得るかもしれません。

ヨブの試練

クリスチャンたちは、大きな苦しみに遭っている人を見ると「ヨブの試練」と考えるでしょう。私は何人もの牧師やクリスチャンたちから、今の苦しみが「ヨブの試練」だと言われました。

「ヨブの試練」とは「義人の苦難」とも言い、義人であるヨブの不条理で理不尽な苦しみがテーマです。ユダヤ教の世界では、人間に罪があるから神が苦難を与えると考えられます。いわゆる因果応報です。しかし、ヨブには全く罪がありませんでした。それなのになぜ彼に不当な苦しみが与えられたのでしょう。

ヨブは、家や僕《しもべ》たちや羊などの財産や、子どもたちまでもすべて失います。しかしヨブは「私は裸で母の胎を出た。また裸でかしこに帰ろう。主は与え、主は取られる。主の御名はほむべきかな」と神を讃えます。さらにヨブの全身に腫れ物ができ、耐え難いかゆみで灰の中にうずくまります。そんなヨブに、彼の妻は「神を呪って死になさい」と嘆きますが、ヨブは「私たちは神から幸福もいただいたのだから、不幸もいただこうではないか」と答え、神を恨むことはありませんでした。

ヨブを案じ慰めようとしてやってきた三人の友人たちは、ヨブがこれほどの苦しみの中にいるのは彼が何らかの罪を犯したに違いないと見て批判し、全能者である神に服従し試練に耐えていくべきであると繰り返しアドバイスします。

ヨブは友人たちの批判に耐えられなくなり「あなたがたの知っていることは、私も知っている。私はあなたがたに劣らない」「あなたたちは慰めのふりをして私を苦しめている」「役に立たない医者だ」「あなたがたの答えは偽り以外の何ものでもない」と言い、友人たちの言葉を封じます。

ヨブは神に向かって叫ぶように訴え続けます。「なぜ、神は私なんかをお造りになったのか。私など生まれなかった方が良かったのです」「悪人が栄えることを神は許しています」「私には、このような苦しみを受けなければならないような罪はまったくありません」「このような恐ろしい苦しみにもはや耐えられません。むしろ死こそ私にとって慰めです」「私にもし罪があるなら教えてください」「せめて、何故こんな苦しみを受けなければならないのか答えてください」と。

苦しみの中で悶絶しているヨブに、ついに神がつむじ風の中から答えます。神はヨブに、神が創造した森羅万象を示し「被造物である人間が、創造主である神に論じようとするのか」と問います。ヨブは自分の卑小さを認識して神の前にひれ伏し、答えます。

「あなたには、すべてができること、あなたは、どんな計画も成し遂げられることを、私は知りました。知識もなくて、摂理をおおい隠す者はだれか。まことに、私は、自分で悟りえないことを告げました。自分でも知りえない不思議を。……私はあなたのうわさを耳で聞いていました。しかし、今、この目であなたを見ました。それで私は自分をさげすみ、ちりと灰の中で悔いています。」(聖書)

こうして、最後まで揺るがない神への信頼を示したヨブの苦難は終わり、神から以前の二倍の祝福を受けます。この試練を通してヨブの信仰は、ご利益信仰や因果応報的な教えから脱却し、「生きておられる全能の神」への全き信頼の域へと到達したのでした。

聖書の神は、人間を支配する絶対的な存在だと言えます。人間を造った神ですから自由自在にできるということです。そのような神を信じるクリスチャンが苦難によって信仰を捨てるということはまずあり得ないでしょう。どのような矛盾があっても絶対服従するのが本当の信仰だからです。クリスチャンにとってはいかなる矛盾も、それは神から与えられた試練と考えられ、地上の世界よりも永遠の世界へと希望を見出していくのです。そして神との関係の中で生きていく信仰へと変えられていきます。この世界のすべてが神中心に見えるようになり、神の言葉である聖書の価値観によって生きていくようになります。そして、世界観も人生観も人間観も作り変えられていきます。

いったい私たちがキリスト教にイメージする愛の神は存在するのでしょうか。聖書の中には愛の神など存在していません。聖書が語る神の愛とは、人間の罪のために十字架にかかり永遠

ベドウィンの村

の命へと導くキリストの愛です。しかし、その愛を受け入れない者は滅ぼし、受け入れた者であっても、それが神の目から見て正しい信仰でなければ落伍させるという支配的な愛です。このような神に支配される信仰が矛盾と葛藤に満ちているのは当然でしょう。

安息日

一神教と多神教は絶対に相容れません。一神教では、唯一の絶対的な支配者である神以外は礼拝してはなりません。旧約聖書には「わたしはねたむ神である」と書かれていますが、これは神が嫉妬するほどに人間を愛しているという表現です。

本来は、愛しているのであれば相手の人格を認め自由にするべきであるのに、イスラエルの神は民族を束縛し多くの律法を与え、従わない者は滅ぼすという絶対的な支配者です。ユダヤ教にとって、罪とは神に従わないことなのです。

ここで、ユダヤ教の律法の基本となる十戒の内容を要約して確認しておきましょう。

一　わたしのほかに、ほかの神々があってはならない
二　偶像を礼拝してはならない
三　神の名をみだりに唱えてはならない
四　安息日を守りなさい
五　あなたの父母を敬え
六　殺人してはならない
七　姦淫してはならない

八　盗んではならない
九　偽証してはならない
一〇　他人の財産を欲してはならない

四番目までは神に対して守るべき戒めで、後半の六つは人との関係で守るべき戒めです。特に一から七までの命令に従わなかった者は、死罪とされました。実際に聖書では、ステパノは「神を冒涜するもの」として石打ちの刑で処刑された最初のクリスチャン殉教者です。キリストやパウロも同じように石打ちの刑にされかけたこともあり、姦淫の女が石打ちの刑にされようとしたとき、イエスの機転によって死刑を免れたという物語も有名です。当時の人々がどれほど真剣に命がけで律法を守ろうとしたか、それらの例からも垣間見ることができます。

今日でも中東のイスラム圏の多くの国ではそのような残虐な刑が実施されており、国際的にも人権問題として取り上げられ抗議されています。

一から四の項目を見て気づかされるのは、やはり神の絶対的な支配です。安息日を守ることに関しても「安息日がイスラエルを守った」という格言があるほどに、ユダヤ人は民族の存亡をかけて命がけで安息日を守ってきました。

安息日の起源は創世記に書かれています。

「こうして、天と地とそのすべての万象が完成された。神は第七日目に、そのなさっていたわざの完成を告げられた。すなわち、第七日目に、なさっていたすべてのわざを休まれた。神は第七日目を祝福し、この日を聖であるとされた。」（聖書）

安息日は「神が天地を創造したこと」「イスラエルが神に選ばれた民であること」を記憶するための、最も聖なる記念日なのです。

安息日は金曜日の日没から始まり土曜日の日没までです。金曜日の日没後、父親はシナゴーグ（ユダヤ教の会堂）で礼拝し、帰宅すると家族と儀式や食事を共にします。翌日の土曜日はそれぞれに休息して過ごします。エルサレムで、金曜日の午後、帰宅しようと家路を急いでいるユダヤ人たちの風景を私も目撃しました。この国では歴史の中で時間がゆっくり流れているのだと感じました。

安息日には労働や火の使用が禁じられています。労働といっても拡大解釈され、長距離を歩くことや、治療行為、家事、車に乗ることなども労働とされ禁止されています。家庭では、金曜日の日没前にあらかじめ灯をともしておき、火を使う食事の準備も済ませておかなければなりません。また電気を使うこともせず、インターネットやテレビはもちろんのこと、電気のスイッチにも触れません。

新約聖書には、律法学者たちとイエスとの間で、この安息日の規定に関する論争がたびたび繰り広げられています。律法学者たちは安息日に病人を癒したイエスを訴えようとし、腹が減って畑の麦の穂を摘んで食べようとした弟子たちに対して、刈り取り作業をしたと非難しました。

今日でもユダヤ人は安息日を徹底して守り、一切の労働を行いません。イスラエルではすべてのユダヤ人の商店は閉まり、公共交通機関もストップします。

ユダヤ教では安息日は週の最後の日である土曜日ですが、キリスト教では週の初めの日にキリストが復活したことを記念して、日曜日を「主日」あるいは「聖日」と呼ぶようになりました。ローマ帝国では、AD三二一年に、コンスタンティヌス皇帝が日曜休業令を発布して安息日を取り消し、日曜日を礼拝日と定めました。

そして一六世紀の宗教改革者カルヴァンも、ユダヤ人の安息日の無効化について次のように説明しています。

「神学者のカルヴァンは、著書『信仰の手引き』において、主日と安息日について次のように述べている。

・『従ってこの日（安息日）を迷信的に遵守することは、キリスト者から遠ざけられなければならない。』

・『旧約の安息日は廃止された。』

・『ユダヤ人によって守られた日は捨てられた。（それが迷信を駆逐する良策だったからである）その代わりに、この用のために他の一日が制定されたのである。つまりこれは、教会の秩序と平和を守り、保つために必要である。』」（『Wikipedia』）

このように日曜日を主日（聖日）とするようになったのは、キリスト教がユダヤ教の影響下から抜け出すためであったと考えられます。キリスト教を生み出したのはユダヤ人であったにもかかわらず、キリスト教世界においてユダヤ人は排斥され、迫害と受難の歴史をたどるようになるのです。

一九八一年公開の『炎のランナー』という、実話を基にしたイギリス映画があります。走ることによって栄光を勝ち取り真のイギリス人になろうとするユダヤ人のハロルドと、神のために走るスコットランド宣教師エリック、実在した二人のランナーが主人公です。中国宣教の使命を持つエリックがパリ五輪の一〇〇メートル代表の金メダル候補として選ばれるのですが、パリへの出発直前、記者から予選の日が日曜日であることを知らされます。彼は祖国への忠誠のためにも予選に出場するように説得されますが、神への信仰はそれに勝るとして拒否し、結局一〇〇メートル出場を棄権します。ハロルドはエリックが棄権した結果一〇〇メートルで優勝しますが、ハロルドの心は晴れません。一方エリックは、友人から四〇〇メートル代表枠を譲られ出場し優勝します。

この映画では描かれませんでしたが、エリックはその後中国宣教へと赴き、第二次大戦中に日本軍に捕らえられ収容所で殉教したのでした。そのことも後続編として映画化されました。

この映画をどのように評価すればいいのでしょう。私は若い頃この映画を見て、同じクリスチャンとしてエリックの生き方に感銘を受けました。しかし今はエリックの生き方には共感できないし、ガチガチの宗教映画としか考えられません。どのような意図でこのような映画が作られたのか理解できません。信仰のために権力にも戦争にも屈しなかった一人の若者の、人間勝利の映画でしょうか。あるいはキリスト教賞賛の映画なのでしょうか。

もちろん、エリックのひたむきさや勇気は素晴らしいです。しかし、彼が伝えようとした聖書の教えがどのようなものであり、そのために命をかけた人がどれほど多いことかを考えると胸が痛みます。もちろん、殉教した人たちは天国を信じて逝ったことでしょう。私にはそのような生き方は、軍国主義時代に特攻隊志願兵が天皇や国家のために自ら命を捧げた人生とダブって見えます。（もちろん彼らの中にはやむなく志願した人々も多くいたでしょう）大義が違うだけで、ひたむきさや純粋さや犠牲の精神は共通しているのではないでしょうか。オリンピックまで出場拒否して聖日（安息日）を守ろうとするなんて、今日の私たちには理解し難いかもしれませんが、それほどまでに聖書の教えは長い間人々を支配してきたのでした。

金曜日の夕方、エルサレムの街で見かけたユダヤ人

閉鎖的な教会

「ある人々のように、いっしょに集まることをやめたりしないで、かえって励まし合い、かの日が近づいているのを見て、ますますそうしようではありませんか。」（聖書）

これは、クリスチャンでありながら、教会の礼拝や集まりを拒否する人に対する聖書の言葉でもあります。教会生活で矛盾やストレスを感じ、教会を離れようとする人は後を絶ちません。初代教会も同様だったでしょう。しかし聖書では、教会こそが信仰の基盤であり、教会を離れた個人だけの信仰などあり得ないと説いています。

「あなたがたはキリストのからだであって、ひとりひとりは各器官なのです。」（聖書）

教会をキリストの体と認識させたパウロの教会至上主義は、見事に成功しました。クリスチャン一人一人がキリストの体の一部であるという着想は、世界中のクリスチャンを一つにまとめることができました。性別、年齢、身分や国籍、民族の違いを問わず神の前では皆罪人であり、平等であり、教会ではすべての人が罪赦されて受け入れられます。

昔、「人類は皆兄弟」という言葉がテレビ広告で流れたことがありましたが、まさしくクリスチャンは皆兄弟であり家族なのです。教会の集会では、教会員を呼ぶときには~兄弟、~姉妹という敬称で呼び合います。これは血縁関係を言うのではなく、神の家族だということです。しかし実態はどうでしょう。円満な性格の人だけが集まれば天国のように居心地が良いかもしれませんが、いかなる人も受け入れる教会では、集団生活不適格な人も当然存在し得るでしょう。後者の人を排除するのではなく、許し合い、受け入れ合い、愛し合うことを学ぶ場が教会でもあるのです。

「どうか、みなが一致して、仲間割れすることなく、同じ心、同じ判断を完全に保ってください。……兄弟たち、あなたがたの間には争いがあるそうで、あなたがたはめいめいに、『私はパウロにつく』『私はアポロに』『私はケパ（ペテロ）に』『私はキリストにつく』と言っているということです。キリストが分割されたのですか。あなたがたのために十字架につけられたのはパウロでしょうか。」（聖書）

このように、パウロ自身も教会の中で生じてくるトラブルや矛盾に頭を痛めています。そこでパウロは、教会内で起きる様々な問題にも言及していきます。教会組織のあり方や、指導者たちの役割や権威を明確にします。また男女のそれぞれの役割や結婚について、教会での食事のあり方に至るまで具体的に指導しました。そして、パウロの結論は愛でした。彼が主張したアガペーの愛は教会生活の規範であり、信仰生活の指針ともなりました。

教会は、社会から隔離された閉鎖的な世界だと言えます。いかなる人も受け入れられるはずの教会が閉鎖的共同体だというのは、矛盾に思われるかもしれません。教会内では、すべてが神の国（天国）の価値観へとシフトされていきます。たとえ世の中で評価されないアウトサイダーであっても、神の国ではすべての人が神の被造物であり、神は「わたしの目にはあなたは高価で尊い」（聖書）と語りかけてくれます。教会は信徒にとって、安心していられるシェルターのようなものです。

教会といえども、そこで繰り広げられる人間の営みは、社会の組織や共同体と変わらないでしょう。しかし職場では収入を得るという目的があるし、学校では学ぶという目的があり、趣味や習い事の世界では創造力や人間力が高められます。そして、社会の組織はやめたければいつでも自由にやめられます。ところが教会という組織は、やめることは簡単ではありません。教会を離れた信仰生活など、あり得ないからです。何かの事情で教会を離れた信徒は、他の教会に移るか、あるいは自分で教会を作ることもあります。なぜなら、信仰生活とは教会生活そのものだからです。

日本の教会では特に「教会籍」という制度があり、信徒は所属する教会の会員として登録されます。まるで寺の檀家のように、信徒は教会につながっています。信徒が他の教会に移るときは、複雑な手続きを経て転籍しなければなりません。日本以外の国では、このような転籍制度は見られません。このような制度は日本の教会組織の維持のために必要とされていますが、個人の自由な信仰生活を束縛することにもつながり、日本の教会の閉鎖的な体質を作り出す原因ともなっていると考えられます。

ところで、牧師は必ずしも神学校を卒業する必要はありません。どこかの教団に属するためには教団の指定する神学校を出る必要もありますが、単立の教会を作るのであれば、いつでも誰でもどこでも自由に牧師になることができます。

社会の組織と違って、教会では組織を維持するために、献金や礼拝や奉仕などが原則として義務づけられますが、そこでは様々な矛盾や葛藤が生じてきます。パウロの時代の教会でさえ、順調な教会などありませんでした。教会の中では聖書という規範に導かれ、信徒のための教会ではなく、教会のための信徒となります。キリストの体である教会の一員となった信徒は、それぞれが体の器官の一部となって働いていきます。そのような教会の中に矛盾や葛藤があるのは人間に問題があるからではなく、聖書の教えに矛盾があるからだと言えるでしょう。

聖書の中には人生のすべての問題の答えがあると、よく言われます。分厚い聖書のどこかに人生の問題の解決策がありそうな気もします。しかし聖書に書かれているのは、旧約聖書は神の支配と人間の服従の歴史であり、新約聖書はキリストの死と復活についてです。聖書の目的は、人間の幸福や人生問題への解き明かしではなく、どこまでも人間と神との契約であり、神との関係を導くことにあります。

イエスが40日間断食した荒野

韓国の教会

私は韓国の地方都市で一〇年余り暮らしました。韓国では四人に一人がクリスチャンと言われるほどキリスト教が盛んです。韓国内のどこへ行っても、教会の十字架がすぐに目につきます。信徒数が一〇〇〇人を超える教会も珍しくなく、数万人の信徒を抱える教会もソウルには数多くあります。

韓国の教会は、日本の教会のような窮屈さはあまり感じません。国民性によるものかと思われますが、開放的な自由さがあるように感じました。日本の教会のような転籍制度もないし、教会数も多く規模も大きいので教会の移動も比較的自由で、信徒は自分のライフスタイルに合う教会を自由に選ぶことができます。

私は、家のすぐ近くの一五〇〇人規模の長老派の教会の信徒となり、家族で教会に出席しました。韓国の教会活動の特徴は、小単位の家庭集会が盛んなことでした。毎週五～一〇戸の家庭が集まって、親睦も兼ねて家庭集会を持ちます。昔から韓国人は、何かにつけて人々が集まって楽しむ文化があるので、家庭を開放して交流することも日常的です。大きな教会には本格的な聖歌隊やオーケストラや幼稚園などもあり、信徒への聖書教育も積極的でした。

所属する教会では、毎朝五時から早天祈祷集会がありました。私は時々、家族が寝ている明け方に集会に行き、牧師のメッセージを聞き、祈りました。さらに週一回、その集会後の六時から聖書を読んで黙想し分かち合う集まりにも出席しました。韓国語の聖書をノートに写し、韓国語で聖書の言葉を味わいました。ソウルオリンピック前後の韓国では、日本語を話したり、日本の話をすることさえ人々の露骨な反感を買う時代でした。特に地方では、日本人であることのアイデンティティーを捨てて韓国人のように生きる以外に、選択の余地はありませんでした。貧富の差が激しく、北との緊張関係や、軍事政権や儒教思想の影響下にあり、日本とは全く価値観の異なった社会で、どのように子どもたちを教育し守っていけばよいのか、周りを見回しても答えはどこにもありません。暗闇の中で光を求めるように聖書の言葉を求め続けました。

しかし大規模な教会になればなるほど、立派な施設や組織も整えられ行き届いていますが、いろんな問題も山積してきます。私が在籍していた教会でも、身近に深刻な詐欺事件が起きました。牧師の絶大な信頼を得ていた信徒の金氏（仮名）が、宣教師会館を建設したいからという名目で事業資金を教会の長老や事業家たちから横領して、フィリピンに逃亡しました。あまりにも被害が大きかったので牧師に対する不信感が長い間消えず、教会の雰囲気は数年もの間沈滞していました。私が属していた家庭集会のメンバーの中にも深刻な被害を受けた信徒がいたので、毎週集まるたびに参加者たちはため息をついて教会生活に閉塞感を覚えていました。

また、ソウル中心地にある、韓国でも指折りの大教会であるＹ教会は、信徒数約八五万人の世界最大のメガ・チャーチです。教会を創立した元老牧師一家は、不祥事や教会財産横領、不倫騒動などで絶えず世間を騒がせながらも偉大な霊的指導者として君臨していますが、本当に理解しがたい社会現象です。

一九九二年秋、韓国社会を騒がせた象徴的な出来事がありました（ダミー宣教会時限付終末論事件）。ダミー宣教会を設立した李牧師らが一九八七年に預言書を出し、一九九二年一〇月二八日の韓国時間二四時にイエス・キリストが再臨し、一九九九年に世界の終末が来るという終末論を主張しました。聖書にはイエス・キリストがもう一度この世界に現れる時（再臨）、世界中の聖徒たちは死者も生きている者も空中に携挙され、永遠の生命を与えられると書かれています。

Xデーが近づくと、全国一七〇か所余りのダミー宣教会の八〇〇〇人余りの信徒が、各地の祈祷院のような施設に家族連れで集まっている様子が、テレビのニュースでも度々報道され話題になりました。夫の友人も、「携挙」の日が間近に迫っているからといって仕事を辞め、個人的に中国宣教の準備を始めました。本気で信じた人々は仕事や学校を辞めたり、財産を処分して教会に献金し祈祷院で集団生活をしたり、国内のみにとどまらず海外にまで宣教活動を始めた人もいました。もうまもなくこの世界は終わりを迎えるのに、勉強や金儲けなどしている時ではない、全世界への宣教に最後の力を注ぐべきだ、ということでしょう。

Xデーが近づくにつれ、連日のようにニュースで取り上げられ、娘の通う小学校でも子どもたちの間で話題になっていました。私の周囲の穏健なクリスチャンたちでさえ集まればその話題で持ちきりになり、Xデーが近づくにつれ不安は隠しきれない様子でした。

聖書には、「かの日」は神以外には誰も知らない、と明確に書かれているのに、キリストの再臨の日時まで指定する一牧師の預言を信じるのはなぜでしょうか。私は社会の異常な雰囲気を感じながらも、なぜクリスチャンたちがそのようなデマに振り回されるのか、全く理解できませんでした。牧師の言うことを鵜呑みに信じるのではなく、聖書を確かめればおかしいと気づくはずでした。

ついに携挙予定日が到来し、その時刻が近づきました。多くの信徒が白い衣に身を包み祈祷院に集まって祈っている様子がニュースで報道されていました。果たして、その時刻が過ぎても携挙はありませんでした。するとすぐに、韓国時間ではなくイスラエル時間の二四時だと修正されました。しかしそのイスラエル時間がまもなく経過しても、何事も起きませんでした。

この人騒がせな李牧師たちのために、学業や仕事や財産まで処分した盲信徒はかなりの数に上りました。いわば詐欺のようなものですが、騙された信徒たちは非常に信仰深いわけで、がっかりしながらも当局が心配していたほどの大きな混乱はなかったようでした。しかも韓国では、人々の不安心理を煽るような「期限付き終末論」は繰り返し起きてきたのです。

この事件は非常に極端な例でしたが、全世界を見てもキリスト教二〇〇〇年の歴史の中で、戦争や飢饉、災害、疫病などの大きな社会不安が起きたとき、終末論は教会で繰り返し叫ばれ続けてきました。アメリカでは、「携挙」をテーマにした『Left Behind』という小説がベストセラーになり映画化されました。アメリカ人の携挙に対する関心度が理解できます。日本の教会も例外ではありません。私自身も礼拝メッセージなどで耳にタコができるほど聞きました。今日まで、まだ「携挙」は起きていませんが、突然訪れる「かの日」を「目を覚まして待ち望む」姿勢こそ、クリスチャンの正しい信仰であり聖書的信仰なのです。

このように韓国社会ではキリスト教文化はかなり受け入れられていますが、それが地域や社会への貢献にはほとんどつながっていないようです。教会の目的はどこまでも各共同体の発展や持続であり、伝道や信徒教育や交流などが行われる場であるからです。

私が韓国で暮らしたのは一九八〇年代〜一九九〇年代ですが、教会の中でも露骨な反日感情を感じ続けました。日本で大きな災害などが起きて多くの犠牲者が出ても、罪を悔い改めない日本人への神からの天罰だというような言葉は、教会の中でも度々聞かされました。もちろんそれは政策による反日教育の由縁ですが、国民が反日という固定観念に縛られているからだと考えられます。

反ユダヤ思想の場合もそうですが、神の愛を信じるクリスチャンたちが、なぜ民族や国家を超えて人間を理解することができないのでしょうか。それはやはりキリスト教の持つ異教徒への排他性、教会という組織の閉鎖性、絶対的な存在である神の支配性、アガペーの愛の独善性など、これらの固定観念に支配されているからだろうと思われます。

私と同世代の韓国の友人たちの中には、教会では長老として、あるいは牧師として指導者的な立場になっている人たちが何人かいます。長い間、韓国へ行くたびに、彼らと家族のような

エルサレム郊外のゲッセマネの園に建てられた万国民の教会

暖かい交流を続けてきました。その後、彼らの消息を聞くと、長老として長く教会を支えてきた友人は、旧態依然とした教会のあり方に失望して教会生活が虚しく苦痛で耐え難いと言い、あるいは教会での人間関係やストレスに疲れカトリックに鞍替えしたり、社会が豊かになるにつれ人々の心も変化した教会で、居場所を失った牧師夫人のため息交じりの告白も聞きました。

韓国は、世界でも有数のキリスト教国と言えるほどキリスト教が盛んです。以前は国中の至る所に林立する十字架を見て希望を感じましたが、今の私には墓場のようにしか見えません。

インターネット時代の聖書

聖書が人類の歴史に大きな影響力を与えてきたことは否めません。しかし毎週教会の礼拝で説かれている聖書のメッセージの要《かなめ》は、キリストの死と復活なのです。心洗われる賛美歌も敬虔な祈りもすべて、神の支配を讃《たた》え、神への感謝を表現しています。約二〇〇〇年間、このような礼拝が世界中で繰り返されてきました。そしてこれからも多くの人が信じていくでしょう。

二〇〇〇年という膨大な歳月を支配し続けてきたキリスト教ですが、今日、インターネットによる情報化時代を迎えて、徹底的に再検証されるべきでしょう。古代キリスト教の世界では書簡によってキリスト教が広められ、中世ではローマカトリック教会の強大な権力のもとに支配・統制され、ルターの宗教改革後、聖書信仰が広められて今日に至っています。長い間、膨大な聖書の内容について一介の個人が理解することなどとうてい不可能でした。指導者の権威のもとに従い、教会生活をすることだけがクリスチャンの信仰生活でした。

しかし今の時代は、すべての人に知識や情報が開かれています。大学や神学校で学ぶ必要も特になく、書籍を購入したり、図書館に足を運ぶことなどしなくても、必要な知識を誰でも簡単に自由自在にインターネットを利用して情報収集できます。この本を書くにあたっても、各種インターネットサービスを参照しながら書き進めることができました。

このような情報化時代であるからこそ、落とし穴もあります。どのような情報を選択するか見極め、また、いろんな固定観念にとらわれることなく世界を見ることのできる目を養わなくてはならないでしょう。

長い間、宗教は人間が幸福になるためにあると、人々に信じられてきました。人類を支配してきた宗教の本質が何であるか、今の時代であるからこそ検証できるのです。永遠のベストセラーと呼ばれ続けてきた難解な聖書を、あらゆる角度から見ることのできる時代です。

キリスト教の本質を理解することは、クリスチャンにとってもそうでない人にとっても、多くの人に解放をもたらすと信じます。それはたった一度の人生を自分らしく生きることにつながり、周囲の人々をも解放していくことになると信じたいのです。

三位一体とは

キリストと神との関係について理解するためには、三位一体について理解する必要があります。聖書の中に三位一体という言葉は存在しませんが、新約聖書の中ではこのような教理の基礎が見られます。

「それゆえ、あなたがたは行って、あらゆる国の人々を弟子としなさい。そして、父、子、聖霊の御名によってバプテスマを授け、……」
「主イエス・キリストの恵み、神の愛、聖霊の交わりが、あなたがたすべてとともにありますように。」（聖書）

ここで述べられているような、父（神）・子（キリスト）・聖霊の区別については、何世紀にわたり多くの論争を引き起こしながらも、四世紀末に三位一体の教理が確立されました。三位一体とは、父・子・聖霊の三位は唯一の神が三つの姿となって現れたもので、元来は一体であるとする教理です。

この教理は、キリスト教理解において極めて重要です。イエス・キリストは受肉した神であると考えられ、聖霊とは信徒を導くために神からつかわされた霊です。つまり、この教義によってイエス・キリストの神性が認められました。このようにして教理が確立されながら、初めはユダヤ教の一派として生まれたキリスト教は、やがてユダヤ教とは完全に袂《たもと》を分かち、一個の独立した世界宗教へと生まれ変わっていったのです。

カトリックとプロテスタント

一般の日本人には、カトリックとプロテスタントの違いについては、あまり理解されていないようです。カトリックとプロテスタントはどちらももちろんキリスト教です。プロテスタント教会は、一六世紀にルターらによる宗教改革によってカトリック教会から枝分かれしました。

ＡＤ三九五年、ローマ帝国が東西分裂して以後、キリスト教会も西方教会と東方教会が共存関係から次第に首位権をめぐって争うようになります。西方教会は自分たちこそ普遍的で伝統的な教会であると主張して「カトリック（普遍）」と名乗り、東方教会は自分たちこそ正当な教会であると主張して「ギリシャ正教会」と名乗りますが、一〇五四年に互いを破門宣告し合って分離していきました。

カトリック教会は、ローマ教皇が頂点となる中央集権性のピラミッド型組織です。伝統的な儀式が重んじられ、歴史的な聖堂が多く、地域の多様な文化や信仰と融合し土着化している傾向も見られます。聖母マリアや聖人信仰などもカトリック信仰の特徴で、ミサと呼ばれる儀式が行われます。聖職者は神父とか司祭と呼ばれ、基本的に結婚せず、修道院制度もあります。

一方、プロテスタントの呼び名は、神聖ローマ帝国の帝国議会において、カトリック教会を支持する多数派の議決に対して、ルターの改革運動に賛同する議員たちが「プロテスト（抗議）」したことに由来しています。

プロテスタントは聖書中心の信仰です。教職者は牧師と呼ばれ、結婚もできます。教会や十字架はシンプルで、礼拝が行われ、賛美歌がよく歌われます。プロテスタント教会の礼拝に賛美歌を取り入れたのもルターでした。「神はわがやぐら」という賛美歌もルターによって作詞・作曲されました。賛美歌は礼拝の中でも重要な役割を果たし、次々と多くの賛美歌が生み出され、ゴスペルや様々なキリスト教音楽に発展していきました。プロテスタントでは、聖書の解釈や見解の違いなどから多くの教派や教団などが存在しています。このようなことから、異端問題やカルト問題も派生しやすいと言えます。

しかし、異端の最大なるものは、カトリック教会から派生したプロテスタント教会と言えます。ルターの宗教改革によって生まれたプロテスタント教会とカトリック教会の争いによって、ヨーロッパ全土を巻き込む宗教戦争（三十年戦争）が起きたほどです。同じキリスト教ではあっても、それぞれの立場から見れば異質なのです。今日でもプロテスタント諸派の中には、カトリックを異端とみなす立場もあります。

いずれにしろキリスト教の本質は、パウロの伝えたように、キリストの死と復活です。それはカトリックもプロテスタントも同じです。クリスチャンになるきっかけは人それぞれです。一〇〇〇年以上の時を経ながら書かれてきた聖書の内容は、歴史や文学や教訓に満ちています。どの入り口から入ってもすべてはキリストの死と復活につながるのです。

キリスト教会の反ユダヤ主義

反ユダヤ主義はいつ頃から生まれたのでしょうか。一般にはユダヤ人というと、シェークスピアの『ヴェニスの商人』に登場する悪名高いユダヤ人高利貸しシャイロックのような人物がイメージされるでしょう。また、ナチスドイツにより約六〇〇万人ものユダヤ人が虐殺されたのは、反ユダヤ主義の氷山の一角にすぎません。ホロコーストのような悲惨な歴史は、ヒトラーの出現によって不意に起きたのではなく、キリスト教会の反ユダヤ主義思想によるユダヤ人への過酷な迫害の歴史の延長線上に起きたと考えられます。

AD六六年、ローマ帝国のユダヤ属州のユダヤ教過激派が反乱を起こしてユダヤ戦争が起こり、ローマ軍はエルサレム神殿を破壊し、「一〇万人近いユダヤ人捕虜は、全ローマ帝国に銀貨一枚で奴隷として売られ」(『Wikipedia』)、ローマ帝国各地に離散していきます。

ローマ帝国内のキリスト教会の成長に伴って、三世紀頃からキリスト教神学者の反ユダヤ主義が見られるようになります。「ユダヤ人はメシヤであるキリストを殺したために、神から呪われる存在となった」「神はユダヤ人を捨てられ、代わりに教会をその選びの中に入れられた」という教理(置換神学)が教会で教えられるようになりました。

ユダヤ人が長い歴史の中で迫害されていった理由は、他にも挙げられます。イエスをメシヤと認めなかったユダヤ人たちは、キリスト教社会からはじき出されていきました。またユダヤ人は選民意識が強く、ユダヤ教の教えや儀式を頑なに守り、周囲のキリスト教社会と同化しませんでした。そして、職業の自由や土地の所有などが許されなかったユダヤ人は教育と財力を重要視しましたが、キリスト教世界では金銭にこだわることは卑しいこととされ、偏見を持たれるようになります。また民衆に不満が募ると、為政者はその不満を解消させるため、ユダヤ人をスケープ・ゴートに仕立てたのでした。

キリスト教がローマ帝国の国教とされた四世紀から五世紀にかけて、宗教指導者たちはユダヤ人に対して「悪魔の一味」「呪われた者」「シナゴーグ（ユダヤ人の会堂）は悪魔の住まい」などと罵倒し、ユダヤ人を悪の権化、悪魔とみなしていきました。

ヨーロッパ地域にキリスト教国家が誕生していくにつれ、四世紀末頃から反ユダヤ主義も拡散していき、ユダヤ人への公職追放や強制改宗、財産没収、奴隷化、追放などの迫害が加えられていくようになります。

一一世紀頃の十字軍の遠征の頃から、キリスト教徒によるユダヤ人への虐殺が各地で繰り返されるようになっていきます。一〇九六年、イスラム教徒の支配下にあった聖地エルサレムを奪回すべく「十字軍」の遠征が始まりましたが、彼らは何世紀にもわたり、イスラム教徒だけでなくユダヤ人をも虐殺しました。イスラム教もユダヤ教もキリスト教も、同じ旧約聖書を正典としています。同根の一神教であるのにもかかわらず教皇の命によって行われた虐殺は、今世紀に至るまで大きな禍根を残しています。

またこの頃から、ヨーロッパ各地でユダヤ人による儀式殺人が告発され、多くのユダヤ人が犠牲になりました。儀式殺人は「血の中傷」とも言われ、ユダヤ教徒がキリスト教徒の子どもを拉致誘拐し、その生き血を過越の祭で食べられるパンに混ぜているというような、根も葉もない誹謗中傷です。「血の中傷」は、反ユダヤ主義の歴史においてユダヤ人に対する迫害、追放、虐殺の口実となり、ヨーロッパ全土に拡散して二〇世紀まで続いていきます。

一三世紀、イギリスでは、ユダヤ人は「イエローバッジの着用を命じられ、これは二〇世紀のナチスドイツによるイエローバッジの強制着用の先駆け」（『Wikipedia』）となります。

一四世紀、ヨーロッパでペストが大流行し、ヨーロッパ人口の三分の一の犠牲者が出たとも言われますが、「ユダヤ人が井戸に毒を撒いた」などという噂によって、各地のユダヤ人が火刑に処せられるなどの歴史的な大虐殺が行われました。

一五世紀頃から、ユダヤ人居住地がゲットーへと変化していき、隔離政策が進められます。

一六世紀に宗教改革を始めたマルティン・ルターは、反ユダヤ主義的な意識を持っていたことでも知られています。「ルターは死の四日前の二月一八日の最後の説教では、ドイツ全土からユダヤ人を追放することが必要であると訴え」、「ルターの反ユダヤ文書は、ヒトラー政権になって一般向けの再販が出てよく読まれた」（『Wikipedia』）のです。

近世から近代にかけては、宮廷ユダヤ人（キリスト教徒の貴族を相手に貸付などを行ったユダヤ人銀行家、金融業者）やロスチャイルド家（世界的な金融ネットワークを築いた大富豪家）などのユダヤ人金融業者たちが、ヨーロッパ及びアメリカ社会において経済的に強大な影響力を持つようになります。改革や戦争、飢饉や恐慌など社会変動が激しかった一七世紀の近代ヨーロッパにおいて、経済界でのユダヤ人の活躍がユダヤ人による支配という印象を深めることになり、反ユダヤ主義はキリスト教世界にさらに根深く蔓延していくのでした。

そのような世界情勢の中でドイツでは、ヒトラーの率いるナチス政権によるユダヤ人の大量虐殺が国策として行われました。これまでの歴史的背景の中からホロコーストの惨劇を見るならば、それは単にヒトラーやナチスによる蛮行というものではなく、キリスト教世界の歴史の中で根づいてきた反ユダヤ主義思想が必然的に突出したに過ぎないことが理解できます。本来、人間に幸福をもたらすべきものであるはずの宗教が多くの悲惨を生み出してきた歴史に触れるとき、宗教の持つ支配力や影響力の恐ろしい一面を目の当たりにしなければならないのです。

十字軍

一一世紀末から一三世紀末までの約二〇〇年にわたって、ローマ・カトリック教会の教皇の命により、イスラム教徒からの聖地奪回という大義を掲げて十字軍が八回派遣されました（派遣された回数については様々な説がある）。きっかけは、東方教会の教皇からの援助要請があっ

エルサレム郊外　オリーブ山麓のユダヤ人墓地

たことでした。ローマ教皇は、参加者には「贖宥《しょくゆう》（罪の償いの免除）」を与え、留守中の財産は法王権をもって保護すると約束したので、修道会の騎士団による正規軍を中心に多くの参加者を得ていきます。

当時まで聖地エルサレムは、イスラム勢力の支配下にあってもキリスト教徒の巡礼は容認され、西欧からも多くの巡礼者が訪れていました。イスラム教徒は、ユダヤ教やキリスト教も同じ経典を母体としている同根の宗教とみなしていたからです。そのような状況の中で展開された十字軍の目的は、聖地回復という宗教的情熱、教皇と皇帝のパワーゲーム、土地や経済の拡大、アラブ人らの撲滅などでした。しかし撲滅の対象はアラブ人やユダヤ人だけでなく、ヨーロッパ各地のキリスト教徒さえも異端信仰などの口実で虐殺されました。

一〇九六年に派遣された第一回十字軍は、聖地エルサレムをイスラム教徒（ムスリム）から奪回しましたが、イスラム教徒やユダヤ人に対する大虐殺や略奪をも行いました。彼らの地を占領した十字軍は、エルサレム王国などのほか、幾つかの十字軍国家を建設します。

民衆十字軍も宗教的情熱やプロパガンダに操られ、ある集団は聖地に向かい、他の集団はハンガリーの現地民族やトルコ人を攻撃するなどしましたが、反撃を受けて壊滅されるという悲惨な結果をもたらしています。

一一四七年に第二回、一一八九年に第三回十字軍が派遣されましたが、イスラム教側に聖戦（ジハード）の意識が高まり、サラディン（イスラム最大の英雄と称されている）の反撃を受けて遠征は失敗に終わります。

一二〇二年に派遣された第四回十字軍は、聖地エルサレムではなく、ビザンティン帝国（東ローマ帝国）の首都コンスタンティノープルなどを占領し、さらに周辺の都市やエーゲ海の島々を占領してラテン帝国を建設します。そこには、東西貿易の要として繁栄していたこの町を占領しようという、ベネチア商人の策略がありました。

一二一七年からの第五回十字軍は、イスラム勢力の中心地になっていたエジプトを攻撃しますが敗北に終わります。

第六回の十字軍は、第五回の遠征失敗の責任を負わされ教皇により破門された皇帝フリードリヒ二世によって、一二二九年に再度派遣されます。シチリア出身でラテン語・ギリシア語・アラビア語などの六つの言語を習得し、多才で開明的であった彼は、外交交渉によって、一戦も交えることなく穏便にエルサレムを奪回しますが、教皇はアラブ人を撲滅しなかった皇帝に対して不満を示しました。

第七回十字軍は、一二四八年、敬虔なキリスト教徒であったフランス王ルイ九世の元に結成され、エジプトに進軍したものの敗北し、ルイ九世自身も捕虜となりますが多額の身代金を払って解放されました。

第八回十字軍は、一二七〇年、再びルイ九世が指揮をとりエジプトへ出発しますが、チュニスでの戦いでチフスが蔓延したため、ルイ九世も感染して死去し遠征は失敗に終わります。

その後、エルサレム王国をはじめとする十字軍国家は全滅し、十字軍はそれ以後派遣されることはなく、エルサレムは近代に至るまでイスラムの支配下に置かれました。

もともと十字軍は、聖地エルサレムの回復が目的であり、教皇が呼びかけ、参加者に贖宥（免罪）を与える軍事行動を指しましたが、ヨーロッパ地域においても様々な目的で派遣されています。教皇は、イベリア半島のイスラム勢力を駆追するために一一世紀頃から度々十字軍を派遣し、一三世紀にはイベリア半島をキリスト教圏へと回復しました。

バルト海沿岸に住む非キリスト教徒に対しても、一一四七年と一一九三年に、北方異教徒へ

エルサレム旧市街のユダヤ教聖地「嘆きの壁」とイスラム教聖地「岩のドーム」

の十字軍が派遣されました。やがてドイツ騎士団によって毎年十字軍が派遣され、この地方にドイツ人の植民が進みました。（「北方十字軍」『Wikipedia』参照）

一一世紀頃から南フランスに広がっていた、清貧生活を重んじる穏健なキリスト教徒のカタリ派は、教皇庁によって異端とみなされました。教皇は、十字軍の兵士になった者には免罪と永遠の命を約束するだけでなく、異端者とその支持者の土地を与えると呼びかけ、一二〇九年から一二二九年にかけて十字軍を派遣し、カタリ派だけでなく、南フランス一帯の民衆も含めて徹底的に壊滅させました。この十字軍はアルビジョワ十字軍と呼ばれ、その犠牲者は一〇〇万人ともいわれ、同じキリスト教徒を大虐殺した十字軍でもあります。

これらの十字軍の目的は、レコンキスタ（キリスト教圏の回復）、異教徒の征服、異端討伐、教皇に敵対する勢力への軍事行動などに分けられます。

十字軍がもたらした歴史的意義はいろいろ挙げられますが、最大の影響は、キリスト教世界とイスラム世界の根深い「不信と敵意」を醸成し、現在の西洋と中東との関係悪化の大きな要因となったことが考えられます。十字軍の失敗以後、ローマ・カトリック教会の教皇の権威は失墜し、カトリック教会の腐敗は進み、中世ヨーロッパの封建体制の崩壊へと向かうのです。

異端審問

初期キリスト教の頃から、キリスト教の教義についての神学論争が活発に行われてきましたが、四世紀にキリスト教がローマ帝国の国教と宣言されてからは、さらに国教としての正統なキリスト教神学が確立されていきます。キリスト教の教義理解が千差万別であるため、教義の正当性を堅持していくうえで異端問題が絶えず生じてきました。キリスト教神学の歴史は異端問題の歴史でもあったと言えるかもしれません。それほど、聖書という書物の解釈や捉え方が時代や社会状況によって一様ではなく、とらえどころのない側面を持っていると言えるでしょう。

キリスト教の教義における「正統と異端」の闘争は初期の時代からあり、中世のカトリック教会では異端はさらに厳しく取り締まられていきました。一二世紀、カトリック教会の腐敗に批判的なカタリ派などの異端騒動がきっかけとなり、「異端審問」が各地域の司教の管轄において行われるようになります。

一三世紀には、教皇グレゴリウス九世が異端審問を教皇の権限のもとに行うように法整備し、その審問官として、教皇直属のドミニコ修道院やフランシスコ修道院の修道士たちが任命されました。彼らの異端に対する態度は狂信的で、仮借ないものでした。

異端の取り調べは非公開で、密告が奨励され、拷問により自白が強要され、そのまま殺されることもありました。異端の告発は信仰の教義によるものだけでなく、教会や権力者たちにとって不都合な人々を排除しようとする理不尽な告発や、個人的恨みによる虚偽の告発など、無秩序なありさまになっていきます。カトリックの教えに外れていると見られた人々は、有罪とされると極刑は焚刑（火刑）でした。このような人面獣心の異端狩りは、カトリック世界の腐敗を助長していくことになります。

ローマ教皇グレゴリウス九世によって制度化された異端審問は、一三世紀にはスペイン、北フランス、一四世紀にはオーストリアに広がり、多くの異端者が迫害され、火刑などの残虐な刑が執行されました。

スペインでは、一五世紀末に、スペイン王のフェルナンド二世とイザベル王妃によって、独自の異端審問が展開されます。当時スペインには、キリスト教徒に改宗したイスラム教徒や改宗ユダヤ人が多くいて、王は彼らを排除するために、異端審問を政治的に利用しようとしました。さらにユダヤ人金融業者に多額の負債があった王は、彼らを抹殺することで債務を帳消しにし、その資産を王室に没収しようという意図もありました。

王は、それまで教皇直属の制度であった異端審問から教皇の干渉を排除して、スペイン独自の異端審問機関を作りあげました。王によって初代異端審問所の長官に命じられたドミニコ会修道士トルケマダは、「在職一八年間に約八〇〇〇人を焚刑に処したと伝えられている」(『Wikipedia』)のです。実際に焚刑にされた人数については定かではなく、そのほとんどがユダヤ人でしたが、スペインの異端審問は、その暴虐さによってキリスト教の歴史に汚点を残すことになりました。

その後、一七世紀頃からスペイン国内での審理件数は減少していきますが、南米などのスペイン植民地では、カトリックの支配によって原住民が弾圧されました。スペインでの異端審問が正式に廃止されたのは、一九世紀に入ってからです。

ローマでの異端審問は、特定の教説や著作に対して異端性がないか審議され、また各国の異端審問の監督などが主でした。特に「天文学の父」と呼ばれる、ガリレオ・ガリレイの著作に関する「地動説」をめぐるガリレオ裁判は、歴史的にも有名です。

ドイツやイングランド、北ヨーロッパでは、異端審問制度はほとんど定着することはなかったとみられています。

このように異端審問は、少なくとも聖書の教義理解の一致を堅持する目的であるはずが、カトリック世界の権威や権力の誇示や保身のために、同じキリスト教徒を迫害し虐殺する手段としても用いられました。そして彼らの非人間的行為の根拠も、聖書に求められていたということも事実です。キリスト教的世界観の支配の下にあって、このような非情な行為も正当化されていくことの責任は、いったいどこにあるのでしょう。クリスチャンの間では、神は常に正しいが人間に罪があるからこのような過ちや矛盾などが起きるのだ、という見解があります。しかしそれよりも、聖書の教えの排他性や神の絶対的支配などの価値観が根底にあるからこそ、このような閉塞的な世界を追従していったと考えられます。

魔女狩り

中世から近代にいたるヨーロッパにおける魔女狩りの歴史について知るとき、何世紀にもわたってこのような悪魔的な行為が行われ続けてきたこと自体私たちには理解し難いことであり、どのような社会でそれが可能であるのか、答えを見出すことは容易ではないでしょう。

呪術を行う魔女信仰というのはヨーロッパに古くからありました。本来、魔女の概念はキリスト教的なものではなく、中世頃まで魔女は弾圧の対象ではありませんでした。

「一二世紀に始まった異端審問が魔女を裁くようになったのは一五世紀に入ってからであるが、（中略）やがて異端の集会のイメージが魔女の集会のイメージへと変容していくことになった。（中略）また魔女の概念は当時のヨーロッパを覆っていた反ユダヤ感情とも結びつき、『子供を捕まえて食べるかぎ鼻の人物』という魔女像が作られていった。魔女の集会がユダヤ人にとって安息日を意味する『サバト』という名称で呼ばれるようになるのも反ユダヤ感情の産物である。このように人々の間に共通の魔女のイメージが完成したのが一五世紀のことであった。」

（『Wikipedia』）

今日イメージする恐ろしい魔女のイメージが意図的に作られたことがわかります。

一四世紀、ヨーロッパでペストが大流行した時代に、ユダヤ人が井戸に毒をまいたと噂が流され、ヨーロッパ全域のユダヤ人への大虐殺が起こりました。このようなユダヤ人に対する虐殺も魔女狩りと重なる部分が見られます。

異端審問で魔女を取り締まるようになった一五世紀頃から魔女狩りが本格的になり、魔女に関する書物がたくさん刊行されました。一四八六年に『魔女に与える鉄槌』という書物がドミニコ修道会の異端審問官によって出版され、魔女裁判のハンドブックとしてまたたく間にベストセラーとなりました。「女呪術師を生かしておいてはならない」という聖書の一節を根拠に、魔女の発見方法から拷問の仕方や処刑にいたるまで具体的に指導しています。また魔女について「魔女とは、悪魔と契約を結び、その代償として悪魔の力を与えられ、超自然的なこと、例えば、嵐を呼び寄せる、……呪いをかける、などができる者」と定義づけています。この『魔女に与える鉄槌』の登場が、魔女狩りの法的、神学的根拠となり、人々に魔女への恐怖心を植えつけていく大きな役割を担いました。

一七世紀にはイギリスでマシュー・ホプキンスという魔女狩りの専門家も現れました。彼は『魔女狩り将軍』と自称し、およそ三〇〇人の無実の人々を魔女に仕立て上げて処刑、多額の収益を得た」（『Wikipedia』）といわれている人物です。

魔女として疑われ、残酷極まりない拷問により自白させられ有罪となると、火刑とされます。百年戦争でフランス軍の士気を上げ、イングランド軍を撃破したオルレアンの乙女ジャンヌ・ダルクも、イングランド軍の捕虜とされ、一四三一年に魔女として火刑に処されています。

魔女狩りの対象は女性だけでなく、男性や、思想的・精神的・肉体的に異質な者たちにも及んでいきます。中世末期のルネサンス時代に入っても魔女狩りの勢いはおさまらず、一六〇〇年前後が最盛期となりました。魔女狩りはカトリック世界だけではなく、プロテスタント側でも行われています。

一七世紀のヨーロッパは「一七世紀の危機の世紀」ともいわれ、小氷河期的な冷害による大飢饉や経済停滞、三十年戦争やイギリスのピューリタン革命、各国の反乱、ペストの大流行などの危機に伴って魔女狩りが横行しました。特にイギリスでは「魔女狩り令」が度々出されています。スペインやイタリアでは、魔女狩りで処刑されることは比較的少なかったようです。

一七世紀末になって、魔女裁判は急速に衰退していき、一八世紀にようやく魔女狩りの歴史が終息に向かいます。三〇〇年もの間、キリスト教世界の民衆を恐怖のどん底に陥れた魔女狩りの狂気の原因は何だったのか。その背景には、環境や政治、社会、経済などの広い領域にわたるヨーロッパ社会の閉塞状況があったと考えられます。民衆たちの不安や不満が募り、そのはけ口としてスケープ・ゴートに選ばれたのが魔女でした。権力者たちは、キリスト教社会からはみ出した人々をターゲットにして魔女に仕立てたと考えられます。

反ユダヤ思想や異端審問や魔女狩り、十字軍など、どれも共通するのは、異質なものを排除しようとする聖書的な世界観に他ならないのではないでしょうか。

免罪符と宗教改革

カトリックの教義では、罪の赦しには三段階のプロセスが考えられています。まず犯した罪を悔いること、次に司祭に罪を告白すること、最後に罪の償いをすることとです。カトリック教会では、罪の償いとして、教会が行う施しや聖堂の改修、教会の活動などのために寄進することを奨励しました。ところがそのような手続きも経ず、お金さえ払えば簡単に罪の償いを免除されることができる贖宥状《しょくゆうじょう》（免罪符）というものが販売されるようになります。贖宥状は、もともと十字軍に従軍したものに対して贖宥（罪の償いの制限付き免除）を行ったことが始まりでした。従軍できない場合は、寄進を行うことで代替できました。

教皇レオ一〇世は、サン・ピエトロ大聖堂の建築のために贖宥状購入者に全贖宥（すべての罪の償いの免除）を与えることを布告しました。中世ヨーロッパでは、公益工事のために贖宥状が販売されることはよくありました。その頃神聖ローマ帝国（ドイツ）では、司教であったアルブレヒトがサン・ピエトロ大聖堂建設の献金という名目で贖宥状販売の独占権を得、大々的に販売を行ったのでした。贖宥状の販売を担当したドミニコ会のテッチェルは「贖宥状を購入してコインが箱にチャリンと音をたてて入ると、霊魂が天国に飛び上がる」などと宣伝しました。それは、贖宥状を買うことでまだ犯していない罪まで赦され、既に死んだ人の罪までもが赦されるという気前の良い話でした。

聖アウグスチノ修道会のマルティン・ルターにとって、そのような誤った教義を見過ごすことはできませんでした。もともと高位聖職者やローマ教皇庁の腐敗に批判的であった彼は、一五一七年一一月一日、ヴィッテンベルク大学の掲示板に『九五か条の論題』という旨の張り紙をして、公に意見交換を求めたのでした。この抗議文がヨーロッパにどれほどの激動をもたらすことになるか、ルターさえも知り得ませんでした。この論題はたちまちドイツ中に広まり、高位聖職者や教皇庁の腐敗に不満を抱く多くの国民に支持されていきます。

ここで、ルターがどのような人物であるかを見ておきたいと思います。

彼は一四八三年にドイツのザクセンで生まれ、鉱山経営で成功していた父の期待を背負い、法律家を志して大学に進学し勉学に励んでいましたが、一五〇五年のある日、学校に向かう途中で激しい雷雨に遭います。落雷の恐怖に死を予感したルターは「聖アンナ様、お助けください。命が助かれば修道士になります」と、誓願の声をあげたと言います。そして両親の大反対にもかかわらず、彼は聖アウグスチノ修道会に入ります。

彼は一五〇六年に司祭の叙階を受けましたが、どれだけ熱心に修道生活を送っても心の平安が得られないと感じていました。彼はヴィッテンベルク大学の講師となって哲学と神学を教えながらも、禁欲的な生活をして罪を犯さないようにいくら努力しても、神の前に義である（正しい）ことはできないという現実に苦しみ続けます。そして罪からの救いは善行によるのではなく、すべて神の恵みによる「信仰義認（信仰によって義とされる）」という理解に達し、ようやく心の平安を得ることができたのでした。これが「塔の体験」と呼ばれる、ルターの第二の転機となります。

そのようなルターが、ドイツで盛んに販売されていた贖宥状の問題を見過ごすことはできませんでした。贖宥状によって罪が赦されるという教えは「人間が善行によって義となる」という発想であり、聖書の教えに反したものだと考えたからです。

彼は『ドイツのキリスト者貴族に与える書』『教会のバビロン捕囚』『キリスト者の自由』などの書を次々に発表し、教会を批判します。また自らの主張の正当性を訴え、カトリック教会の権威ある公会議の開催を求めました。

ルターの主張はグーテンベルクが発明した活版印刷機で印刷され、またたく間にドイツ社会に広がり、ローマ教皇に反感を持っていた諸侯や騎士、市民、農民などに影響を与えていきます。

一五二一年、教皇レオ一〇世はルターを破門したので彼はカトリックと絶縁し、新教を模索していくことになります。

神聖ローマ皇帝カール五世は、ルターを帝国議会へ召喚し教会批判の撤回を迫りますが、ルターは拒絶します。このときルターによって語られた「我ここに立つ」、すなわち聖書という土台の上に立つという結びの言葉は、多くの人の心を打ちました。

皇帝はルターをドイツから追放しますが、ルターはザクセン選帝侯フリードリヒ三世にかくまわれ、ヴァルトブルク城で一年余りを過ごします。そこでルターは新約聖書のドイツ語訳を完成させます。この『ルター聖書』は広く読まれ、ドイツ語の普及にも大きな影響を与えたとされています。

一五二二年、ルターを奉じる没落騎士たちによる、ローマ・カトリック教会と神聖ローマ帝国皇帝に対する反乱（騎士戦争）が起きますが、短期間で鎮圧されます。

ルターの「神の前に万人は平等」という言葉は、重税に苦しむ農民たちへの励ましともなります。神学者ミュンツァーは南ドイツの農民たちを率いて反乱を起こし、一五二四年〜一五二五年にかけての「ドイツ農民戦争」が起きます。ルターは当初、農民たちに同情的で支持していましたが、過激化するとこれを批判するようになります。反乱は一〇万人の農民が殺されることで鎮圧され、ミュンツァーも処刑されました。この結果、南ドイツの農民はルターから離れ、カトリックを受け入れました。

ドイツでは、ザクセン選帝侯などルター派諸侯が同盟を結び、皇帝を中心としたカトリック勢力との対立は急速に激化していきました。一五四六年にシュマルカルデン戦争が勃発し、九年間続いた内乱はアウクスブルクの和議が結ばれ（一五五五年）終結しました。諸侯はカトリックと新教を自由に選択する権利が認められます。しかし領民の信仰の自由は認められず、領主の選択に従うというものでした。またこのとき、ルター派以外のカルヴァン派などは異端とされ除外されました。これ以後も新旧両派の教会の対立はくすぶり続け、一六一八年には三十年戦争が勃発することになるのです。

フランス生まれのカルヴァンは、スイスのジュネーブで独自の宗教改革を行いました。彼の教えは厳格な禁欲主義で、「その人が救われるかどうかはあらかじめ神が定めている」という予定説を説きました。「職業は神から与えられたものである」とし、得られた富の蓄財を認めたことなどから、カルヴァン派はオランダ、フランス、イギリスなどの商工業地域に広がり、さらにピューリタン（イギリスのカルヴァン派）たちによってアメリカ新大陸に広まっていきました。

フランスのカルヴァン派はユグノーと呼ばれ、南フランスを中心に広まっていきます。一五六二年、日曜礼拝をしていた新教徒をカトリック派が虐殺した事件を発端に四〇年にわたる内戦（ユグノー戦争）が起きます。特に一五七二年八月二四日、国王の娘と新教徒のアンリ（四世）の結婚式を祝うためパリに集まった新教徒たちを、カトリック教徒が虐殺するという残虐な事件が起きます。この日が聖バルテルミの祝日であったため聖バルテルミの虐殺と言われ、四〇〇〇人もの新教徒たちが殺害されました。この大虐殺が全国に拡大し、オルレアンやリヨンなど多くの町で新教徒への殺戮が繰り返されていきました。

フランスの宗教戦争は、このような宗教上の対立に加えて、国内外の権力闘争や政治状況が絡み、混迷を極めていきます。

一五八九年にフランス国王アンリ三世がカトリック教徒に暗殺され、その後を継いだ新教徒のアンリ四世はブルボン朝を開きました。彼は内外の情勢を見て改宗の決意をし、カトリック教徒の支持を取りつけ、実質的にフランス王と認められます。そして新教徒と旧教徒双方の妥協が成立し、一五九八年に「ナントの勅令」が公布され新教徒の信仰の自由が条件つきで認められたことで、フランスにおける宗教戦争は終息に向かうことになりました。


イングランドでは、国王ヘンリー八世の離婚問題が教皇を中心とするカトリック支配との政治的対立へと進展し宗教改革が始まり、教義においても複雑な経過をたどっていきます。ヘンリー八世はスペイン王妃キャサリンと結婚しますが、のちにローマ教会にキャサリンとの離婚を申し立てます。しかし、カトリックでは離婚を認めておらず申請が認められなかったので、彼はローマ教会と絶縁します。教皇はヘンリー八世を破門しますが、彼は絶対王政の強化を目指し「イングランドの統治者が教会の首長である」という首長令を発布しました（一五三四年）。こうしてイングランド国教会が設立されたのでした。

けれどもイングランド国教会は、カトリックとプロテスタントの対立が激化し特異な様相を帯びていきます。国王は在位中、後継者を得るために六回も結婚し、王位継承争いの火種を残しました。国王の死後、王位継承争いと新旧教両派の対立が絡む血塗られた抗争の時代となります。

一五五八年、エリザベス一世の即位によって改革が進められました。イングランド国教会はようやく基盤が確立され、イングランドの黄金時代が築かれます。イングランド国教会は、教義はプロテスタントでありながら儀式はカトリック教会の要素を残し、国王が教会の最高の統治者になるという主教制度をとっています。イングランドではその後も宗教的な対立が続き、それが政治的な対立となって一七世紀のイギリス革命へと向かい絶対王政は倒され、立憲君主制という新しい国家の仕組みが生まれることになります。

このような新教の拡大に危機感をもったカトリック教会は、カトリック教会の刷新と自己改革に取り組み始めます。ルターも初めは新しい教会を作ろうとしていたわけではなく、カトリック教会の自己改革を求め公会議の開催を呼びかけていたし、カトリック内部でもその必要性が認識されていました。教皇側は公会議開催に過度に慎重になっていましたが、宗教改革者たちの批判が引き金となって、ついにトリエント公会議（一五四五〜一五六三年）が開催されることになり、本格的なカトリック改革が行われていきます。

公会議の目的は、当初は、プロテスタント側との分裂を回避し妥協点を見出すことでした。しかし議論が進むにつれ両派の相違点がかえって明確にされ、「聖書主義」や「予定説」などのプロテスタントの多くの主張は排斥されました。そしてカトリック教会の教義の重要性の再確認と教会内部の自己改革などの、歴史的で重要な協議がなされていきました。公会議の結果、プロテスタント教会はカトリック教会から分離され、糾弾されることになったのです。

また、カトリック内部でも、改革精神を主導するイグナチオ・デ・ロヨラやフランシスコ・ザビエルらによって一五三四年にイエズス会が設立され、カトリックの刷新・改革の大きな原動力となっていきました。もともと騎士であったロヨラに率いられたイエズス会では、修道士は「神と教皇の戦士」として徹底した教育を受け、従順、清貧、貞潔を守り、世俗性とは無縁の教会を体現するものでした。彼らの情熱的な活動がプロテスタントの勢いに対抗し、ヨーロッパ各地で受け入れられ、さらにアメリカやアジアなどの非ヨーロッパ世界におけるカトリックの拡大にも大きく貢献します。教皇の意思を最重要とするイエズス会の活躍は教皇の権威回復にも貢献し、カトリック改革を活性化させていきました。

カトリックとプロテスタントの勢力はヨーロッパ全土で拮抗して、対立は深まっていきます。一六一八年にボヘミアでのプロテスタントの反乱をきっかけに、三十年戦争が勃発します。この戦争は、宗教改革以後の多くの反乱や戦争の中で最後で最大の宗教戦争となり、ヨーロッパ全土を巻き込む混迷の国際戦争へと発展します。同時にそれは各国のヨーロッパにおける覇権をかけた戦いとなり、中世の封建体制は崩壊し、主権国家が形成されていくことになりました。

贖宥状批判の張り紙が発端となり、歴史の舞台にルターが登場し、宗教改革のうねりがヨーロッパ世界を飲み込んでいきました。同じキリスト教徒どうしが、どうしてこれほどまでに徹底した抗争を繰り広げなければならなかったのでしょうか。聖書の解釈が異なるからと言って他を排斥するのはなぜでしょうか。そして本当に正しい聖書の解釈とは何なのでしょうか。やはりそれは、聖書の世界観の排他性、閉鎖性、支配性、独善性の歴史的な証明に他ならないのです。

人権思想の誕生

中世ヨーロッパは、キリスト教支配による暗黒時代といわれています。人々は、国家の公認した宗教以外のいかなる信教の自由も許されず、封建社会の中で、教会的な世界観の中に閉じ込められていました。

一六世紀の宗教改革を経て、信教の自由が徐々に確立されていきます。このような封建的な制度に対して立ち上がった人々の戦いは、単に信教の自由の確立にとどまらず、近代における、人間の精神の自由への自覚を生み出す役割を果たすこととなりました。

さらに一八世紀にはフランスを中心に啓蒙思想が興り、「個人」ということが自覚されるようになって人間精神の解放がもたらされていきます。啓蒙とは蒙（無知蒙昧の蒙、物事に暗いこと）を啓《ひら》くことで、啓蒙思想での無知とはキリスト教世界観や封建的思想のことを言います。合理的・理性的世界観を説いて人間を解放することが「啓蒙」でした。このような啓蒙思想によって、人間や社会、国家のあり方を根底から見直す動きが現れていきます。

そのような動きの中で、人間の自由や平等などの権利を守るための人権思想が生まれました。近代から現代に至るまでの時代的な試行錯誤を経ながら、個人や社会をより豊かにするための思想として発展してきたのです。

このような人権思想が、キリスト教的封建世界からの解放の結果萌芽してきたという歴史的事実は、私には驚きでした。なぜなら、キリスト教という聖書的価値観の中に人権という思想は存在し得なかったということに気づいたからです。イエスの説いた隣人愛や弱者に対する配慮の精神が人類の福祉や幸福に貢献したことは事実ですが、それらは個人の自由や権利や平等などの人権思想とはつながらなかったのです。

人権は「個人」の自覚から生まれました。そこには絶対的な神の支配から解放された個人の姿が見えてきます。つまり人間は、固定観念や支配的な関係から解放されるときに自由意思を持つことができ、精神が解放されることができると言えるのではないでしょうか。

第二部

マインドコントロールが解けた

エルサレムの市場

罪意識からの解放

私が信じていた神など存在しなかったことがわかったとき、目からウロコが落ちたように世界がはっきりと見えるようになってきました。テレビを見ても、自然を見ても、周囲の人々を見ても、すべてがありのままに素直に心に受け止められるのです。自分の目には、誰よりも真理がよく見えていたつもりが全く何も見えていなかったことに気づき、愕然としました。私にとって真理とは、キリストでした。「私は真理であり、道であり、命である」という、キリストの言葉がすべてでした。私は、信仰という思い込みの世界で生きてきたにすぎなかったのです。それはあまりにも的外れで、不毛の人生でした。

このことに気づいたときには、私はすべてを失っていました。はかり知れない喪失感により、私は生きる気力を失いました。信仰を失ったから生きられないのではありません。かけがえのない家族や、居場所や人生を喪失してしまったから生きられないのです。

神が存在しないとわかったとき、心は自由で軽くなり、解放され、それまでいかに自分が重いものを背負って生きてきたかに気づかされました。子どもの頃から、いつも神様はすべてを見ておられると教えられてきましたから、そのような自意識からも全く解放されました。

そして驚くべきことは、神がいないとわかると、自分が罪人でないことに生まれて初めて気づきました。心の中のネガティブな感情も自然なことであり、ありのままに受け止めればよかったのだとわかりました。幼い頃の好奇心に満ちた自由な自分に戻ったようでした。

いかに自分が罪認識でがんじがらめにされていたか、今思うと、自分の人生があまりにも哀れです。その罪認識は、私が幼少の頃から教会で刷り込まれ、排除することなど不可能でした。私は若い頃、パウロと同じように、自分の心の中から取り除くことのできない罪の性質に苦しみ、やがてキリストの福音を理解し受け入れました。たとえ人間は不完全であっても、万物の創造主である神は完全であると信じ、聖書を拠り所として生きてきました。

そんな私がなぜマインドコントロールから解放されたのでしょう。おそらく聖書をよく読み、積極的に学んで体系的に理解していたからでしょう。漠然と信じていたのではなく、教会の矛盾や葛藤と向き合いながらも人一倍熱心に聖書を学び信仰生活をしてきたので、聖書に書かれていることと私に起きたこととの間には明らかに矛盾があることに気づきました。

私に起きた禍は、神がいたなら絶対あり得ないことでした。死や病気や天災や事故や苦労やトラブルなどで信仰を捨てることはありません。むしろ困難なときほど神に近づくでしょう。私に起きたことはまともな人の人生には起き得ないことで、神を信じていたがゆえに起きた禍でした。私は地獄を体験しました。愛する一家の阿鼻叫喚の苦しみを見たのです。

事実は小説より奇なり

「事実は小説より奇なり」と言いますが、世の中では小説よりも恐ろしいことが起きているのだということを、まさか自分の人生で体験するとは思いもよりませんでした。

私たち一家は、神を愛する家族でした。なぜ敬虔なクリスチャン一家が破綻しなければならなかったのか。何かのトラブルに巻き込まれたのでもなく、誰の落ち度もないのに、私の一家はまるで手品のように忽然と消えてしまいました。家族を失っただけではありません。私は居場所も、家も、両親たちも、友人も、財産も、故郷も、健康も、そして人生のすべてを失いました。あきれるほど木っ端微塵です。

それはまるで、いきなりマンホールの真っ暗な穴に落ちたようで、自分に何が起きているのかさえわかりませんでした。ましてや周囲の人々は、私になぜそのような悲劇が起きたのかわかるはずがなく、どうすることもできず、ただ困惑していました。私の家族たちは、アリ地獄に沈んでいく私を助けようと共に穴に落ちてもがきました。彼らが泣き叫び絶叫する姿を見てもどうすることもできませんでした。こんな恐ろしいことが、いったいなぜ私の一家に起きたのでしょう。

私はすべてを失い、社会から完全に断絶され、浮き草のような人生を今生きています。地獄のような苦しみの中で、自分に何が起きたのかを理解できるまでに一年近くかかりました。そしてその原因や、起きたことの全体を把握するのにさらに一年かかりました。

全体が見えてきたとき、私は六〇年の人生全体を喪失したことに気づきました。私は信仰という思い込みの世界で何も見えていない人生を生きてきたのでした。そして、一家を破滅に導きました。すべてを受け入れてあきらめたとき、私は生まれて初めて死を願いました。死にたいというわけではなく、あまりにも大きい喪失感のためにもう生きられないから死を願うだけです。クリスチャンとして一筋に歩んできた私の人生に、まさかこんな日が来ようとは夢にも思いませんでした。

教会ごっこ

私をここまで追い詰めたのは、宗教的なストレスでした。ストレスにはポジティブなストレスとネガティブなストレスがあると考えられます。ポジティブなストレスは、良い刺激となって自分を成長させてくれますが、ネガティブなストレスを受け続けると拒否反応が生じ、様々な適応障害などが起きてきます。宗教的なストレスは、私にとってネガティブなストレスであり続けました。宗教的なストレスというのは、聖書の教えによるストレスと、教会生活によるストレスでした。

聖書の教えによる葛藤は、子どもの頃から感じていました。罪という概念を刷り込まれた私は、自分のアイデンティティーを徐々に失っていきました。罪の認識というのは、自己矛盾や自己否定、そして独善性や他者への否定にもつながり、心に葛藤（ストレス）が生じていきます。パウロもそのような苦しみを告白しています。もちろん、キリストを信じることによって神との関係は回復されますが、人生が続く限り、意識するしないに関わらず、罪の認識から解放されることはありません。

また、キリスト教の排他的な教えによって地域や職場や学校などでアウェー感を持ったり、社会適応障害が生じることもあります。私の場合も、多分にそのような葛藤を感じ続けてきました。

また、クリスチャンは毎週日曜日には礼拝に出席します。それ以外にも祈祷会や聖書研究会など、教会によっては様々な集会やイベントなどがあり、熱心に集会に出席することが信仰のバロメータのように見られることもあります。聖書には、教会に熱心に集うことが奨励されています。教会で集まること自体にまず意味があるのです。私は数十年の間、できる限り様々な集会に集い続けました。そこで行われることは、神への礼拝と信徒たちとの交流です。時には連鎖祈祷といって、イースターの前などの特別な期間に、信徒たちが二四時間途切れることなく一週間の間ローテーションを組んで、リレーのように交代で教会の課題のために祈り続けることもあります。教会では共に集い、互いの信仰を支え合い、祈り合います。今思えば、途方もない人生の時間の無駄遣い、「教会ごっこ」でしかありませんでした。
集会だけでなく、献金も相当な負担になります。

「自分の宝を地上にたくわえるのはやめなさい。そこでは虫とさびで、きず物になり、また盗人が穴をあけて盗みます。自分の宝は、天にたくわえなさい。そこでは、虫もさびもつかず、盗人が穴をあけて盗むこともありません。あなたの宝のあるところに、あなたの心もあるからです」（聖書）

「宝は天にたくわえなさい」という言葉に励まされ、クリスチャンは骨身を削って献金するわけです。もちろん永遠の命を与えてくださった神への感謝や、キリストの体である教会を支えるために献金を捧げ続けます。私は幼い時から、集会ごとに献金があり、小遣いの一部を感謝して捧げることが習慣づけられました。大人になり、収入を得られることもすべて神の恵みであるから、まず何よりも神に感謝を捧げるべきだと考えていました。
また様々な奉仕がありますが、社会生活との両立は大変で、特にプロテスタントの信徒の負担はかなり大きいものです。多忙な現代社会で日曜日まで礼拝出席をするとなると、一週間ほとんど休む暇もなくなり、家族との交流の時間も失われ家庭崩壊の原因にもなりかねないでしょう。日本の教会は高齢化して奉仕者も少ないため、私のような中堅の世代は体がいくつあっても足りないほどに、奉仕はきりがありませんでした。

夏、炎天下のもと、秋に行われる伝道集会のチラシを、牧師と手分けして、何日もかけて一人で一〇〇〇枚近く配布したこともあります。高齢化した教会で人数も少なく、チラシを配れる人はほとんどいませんでした。あるいは、教会に車椅子の方が訪れれば、ＤＩＹで玄関にスロープを作りました。仕事を抱えている私には時間は限られていましたが、古い建物なので、車椅子の来会者の不便を毎回見過ごすことはできませんでした。また東日本大震災の際には、他教会のメンバーたちと共に現地に支援に行きました。クリスマスの前日、牧師夫人が高熱で寝込んでいると連絡を受ければ、クリスマス祝会のケーキやごちそうを娘と二人でたくさん準備しました。

教会学校の教師や礼拝の司会、移動手段のない人や高齢者の車送迎、週半ばの祈祷会出席、教会の掃除当番、伝道集会やクリスマスが近づけば地域にチラシ配布、刑務所や老人ホームなどへの慰問、入院中の方への見舞い、教会バザーの開催、婦人会の計画や運営、子どもたちの夏季キャンプスタッフ、教団行事の運営委員や参加、そして土曜日も、翌日の礼拝後の愛餐会（食事）のために、どれほど多くの食事を準備してきたことでしょう。教会によって奉仕のあり方は様々ですが、それらは誰かに強制されてしていたのではありません。どこまでも、神と隣人への愛の実践であり、神への感謝が動機でした。

私のイメージする教会とは「愛の銀行」のようなもので、それぞれが自分に与えられている

「賜物」、つまり能力や才能、時間、お金や資材などを捧げて互いに支え合う場であるとも考えていました。それが私なりに「豊かな人生」を実現する信仰の実践の場でもありました。

特にクリスマスシーズンは、教会が最も活気づきます。子どもたちのクリスマス会、市民クリスマス、地域の福祉施設などでの出前クリスマス会、教会のクリスマス祝会、キャンドル集会、聖歌隊のクリスマスキャロリングなど、教会の中心的メンバーは「クルシミマス」のシーズンなのです。私は、子どもの頃はクリスマスがとても待ち遠しかったのですが、成長してからはイベントの聖誕劇や出し物や聖歌隊や祝会のご馳走の準備などで、毎年クリスマスが近づくと休む間もない奉仕の連続でした。

また、教会の役員や各会の責任者にでも選ばれようものなら、任期中は休みもほとんどなくなります。教会のあらゆる問題や課題を背負わされ、会議や奉仕の連続です。それも信仰の成長のための訓練とみなされますが、もう完全に「オタク」の世界です。

幼い頃から教会は私の生活の一部となり、やがて教会生活の裏面も表面も知るようになり、牧師の抱える矛盾や大変さも理解していました。自分自身が指導者になる器ではありませんでしたが、いつからか、そのような牧師や指導者たちを支える一信徒としての使命感は強く持っていました。教会を訪れてくる人々を暖かく迎え、牧師の指導のもとに彼らをサポートしたり、祈り励ますのがレギュラー信徒の役割です。時には、ストレスで落ち込んでいる牧師たちの思いを直接聞くこともありました。クリスチャンにとっての解決法は、キリストのためにどこまで自分を捨てる（捧げる）ことができるかということでした。しかし中には、うつ病や病によって辞めていく牧師もいました。

私自身、半世紀あまり、クリスチャンの家族たちの理解や協力があったからこそこのような信仰生活を継続できましたが、忙しさの中で家族が犠牲になったり、教会内の様々なトラブルでため息が出るほどのストレスをもらって帰ってきたことも度々でした。子どもの頃から、週末を家族だけでのんびりと過ごした記憶はほとんどありません。毎週、礼拝に行って奉仕をして献金を捧げ、家族を守ってくださいと祈り続けてきましたが、その祈りもむなしく、私の一家は粉々に砕け散りました。半世紀あまりの間、忠実に礼拝に出席して信徒としての義務を果たし、教会を支え続け祈り続けてきた私の人生が、なぜ破綻しなければならないのでしょうか。クリスチャン人口の少ない日本で、教会を愛し支え続けてきた一家を破綻させることが神のみこころなのでしょうか。

固定観念

「だから、わたしのこれらのことばを聞いてそれを行う者はみな、岩の上に自分の家を建てた賢い人に比べることができます。雨が降って洪水が押し寄せ、風が吹いてその家に打ちつけたが、それでも倒れませんでした。岩の上に建てられていたからです。また、わたしのこれらのことばを聞いて行わない者はみな、砂の上に自分の家を建てた愚かな人に比べることができます。雨が降って洪水が押し寄せ、風が吹いてその家に打ちつけると、倒れてしまいました。しかもそれはひどい倒れ方でした。」（聖書）

子どもの頃から私は、教会で繰り返しこの言葉を聞かされ心に刻みました。「私もイエス様に従って、岩の上に家を建てるような人生を歩みたい」と純粋に願い、そのように心がけて生きてきました。しかし私の人生は岩の上に建てた家どころか、洪水も風も全くないのにあきれるほどひどい倒れ方をしました。いつも共にいてくださるはずの神は何をしていたのか。心を尽くして聖書の言葉に信じ従ってきたのに、なぜ一家が破綻しなければならなかったのか。最も信じていたものに裏切られ、人生のペテン師に出くわしたような衝撃でした。

周囲の牧師やクリスチャンたちは変わらず親身になって心配してくれましたが、私に対する言葉はほぼ同じでした。「苦しみには意味がある」「ヨブの試練」「信仰をリセットするための訓練」「神に委ねましょう」「イエス様はいつも共におられます」「自分で引き寄せた禍」「信仰のバランスが欠けていたのでは」「あなたの人格や性格に問題があったのでは」などと言われ、ご親切にも私の人格や信仰の問題点のあら探しまでしてくれました。

神はパーフェクトで全く責任はないわけですから、問題はどこまでも人間側にあるということでしょう。もちろん私の欠点やあらを探せばいくらでも掘り出せるでしょうが、問題のない人間がいるのでしょうか。完璧な人だけが神を信じるのでしょうか。弱さを持った人間だからこそ神を信じるのではないでしょうか。その人間の弱さを裁いて、神に従う者に残酷な罰を与えるような神なら、初めから信じない方がよほどマシです。

私のこのような苦しみを見て、ある人たちはヨブの試練だと言いました。決して私は苦しみに遭ったから信仰を捨てたのではありません。むしろこれまでの人生で、苦しみの中にあるときほど真剣に神に近づきました。私が信仰を捨てたのは、私に起きていることが聖書の言葉とあまりにもかけ離れて矛盾していることを思い知らされたからです。聖書は神から人間に与えられた契約書です。その聖書こそが、私が神を信じる根拠でした。聖書の言葉を人生の導き手として歩んできましたが、それが原因で私は不毛の人生を送り、破滅に導かれたことがわかりました。

ある神学校の牧師は、私に「あなたはあなたの信仰が正しくなかったから、信仰を捨てたのです」と言いました。これは非常に自分本位の論理というか、一方的で威圧的に感じました。誰かが信仰を離れようとするなら「信じるかどうか決めるのは、あなた自身です」と言うべきではないでしょうか。自分が正しいという立場から相手を批判する態度に、宗教者としての傲慢さを感じずにはいられません。そういうあなたの信仰は本当に正しい信仰なのですか、と伺いたいものです。

この牧師の論理には、キリスト教こそが唯一の正しい宗教だという前提があります。私自身もそのように信じていました。いったい正しいキリスト教信仰とは何なのでしょう。どのような信仰が正しいとは一概に言うのは難しいでしょう。要するに信仰を捨てたという結果を見て、本当に信じていなかったから信仰を捨てたのだと言うのでしょう。それなら、信仰を捨てていない人は正しい信仰なのでしょうか。クリスチャンの信仰が皆正しいとは言えないでしょう。誰が正しい信仰を持っているのか、誰にもわからないはずです。神が判断することなのですから。

例えば、統一教会の信者が教団の教えに疑問を感じ信仰を捨てたとします。おそらく牧師は、その人に「間違っていたことに気づいて本当によかった」というでしょう。私もこの統一教会の信者と同じで、キリスト教が間違っていたことに気づいたから信仰を捨てたのです。

地獄のような苦しみの中にいる人間に対して、これらの言葉は苦しみに追い打ちをかけるだけでした。私は、私に対するクリスチャンたちの聖書的な紋切り型の言葉を聞くたびに憤りを覚えました。彼らには人の苦しみや痛みが見えないとしか思えません。しかし彼らの姿を見て、私も以前は彼らと同じようなクリスチャンであったことに気づかされました。つまり聖書の世界観でしか物事が見えていませんでした。彼らはみんな聖書的な思考パターンに支配されていて、その思考回路の中で語っているにすぎません。だから、ありのままの私の姿を理解することができないのです。

地獄のような人生になって二年が経ち、私はつい最近「命の電話」で多くの相談員に話を聞いていただきました。というより、この本を書くきっかけとなったのは「命の電話」でした。自分が「命の電話」をかけるほどに追いつめられるなんて信じ難いのですが、相談員の多くは私の苦しみに真剣に耳を傾け、泣くことさえできない私の代わりに泣いてくれた人までいました。彼らは、あらゆる固定観念をできるだけ排除してできる限り同じ目線で聞こうという姿勢でした。

心に苦しみを抱えている者にとって、アドバイスされたり問題点を指摘されたりすることほど虚しさを感じることはありません。アドバイスや忠告も時には必要ですが、何よりもまず話を聞いてほしいのです。自分の状況は誰よりも自分が一番よく知っているわけですから、答えは自分で出すしかありません。

特に、私の話にまるで自分のことのように深い関心を持って、時々質問や感想など自由にやり取りをしながら何時間も集中して聞いてくれた人たちのことを忘れません。あたかも居心地のよいカフェで話しているかのように時間も忘れ夢中になって、自分を見つめ直し、心は整理され解放されていくのを感じました。

それらの経験から、他人を受け入れるというのは自分の価値観を押しつけることではなく、あらゆる固定観念にとらわれずありのままに相手を理解しようとすることから始まると実感しました。それが相手を生かし、愛することにつながるのではないでしょうか。まず偏見や先入観などの固定観念から解放されていくことが、自分自身も相手も自由にすることができるのだということです。

バランス

「わたしが道であり、真理であり、いのちなのです。」

「あなたのみ言葉はわが足のともしび、わが道の光です。」

「心を尽くし、思いを尽くし、精神を尽くして主なるあなたの神を愛せよ。」

「自分を愛するように、あなたの隣人を愛しなさい。」

「主を恐れることは知恵の初め、聖なる方を知ることは悟りである。」

「草は枯れ、花はしぼむ。だが、私たちの神のことばは永遠に立つ。」

「神は愛です。」


子どもの頃から日曜日ごとにこのような聖書の言葉を暗唱させられ、疑うことなく信じてきました。私の心の思考回路は、聖書の価値観でぎっしりでした。幼い頃から聖書教育を受け、半世紀にわたって信仰生活をして人生破綻するなら、信仰には何の意味があったのでしょう。ここに書かれていた神の約束の言葉は、何のために心に刻んだのでしょう。

ある人たちは、私が人生破綻したのは、信仰や人格にバランスが欠けていたのではないかと言いました。ある牧師は、三日間、私の話をひたすら聞き続け、すべての禍はあなたが自分で引き寄せたのだという結論を導きました。その牧師は、初めから私の問題点を探しだすために、あらゆる心理学や聖書の知識などを動員して、理論のつじつまを合わせるためにひたすら聞き続けていただけだったのです。その牧師の真摯な思いは、皮肉にも私にキリスト教に対する態度を決定づけました。彼らは、神には責任は全くないのであって、問題はすべて人間側の私にあると、初めから決めつけていました。そして「イエス様はいつもあなたと共にいます、神に委ねましょう」と繰り返します。

その矛盾に彼らはなぜ気づかないのでしょう。私と共にいたはずの神は、いったい何をしていたのでしょう。私は若いときから人生を神に委ねて生きてきました。私の信仰や人格にバランスが欠けていたのではないかと言いますが、私の人格は紛れもなく、幼い頃からの聖書教育によって築かれてきたものなのです。そして葛藤し迷いながらも神を愛する人生を自らの意思で選択し歩み続けてきました。私の信仰や人格を否定するということは、六〇年近く信じ従ってきた聖書の教えがそもそも何の役にも立たなかったという証明になるのではありませんか。

信仰のバランスにしても、私は地域や国を超え、様々な教派や教団と違和感なく交流してきて、いつも聖書の教えに信仰の根拠を求め従ってきました。そのような私の信仰にバランスが欠けているというならば、バランスのある信仰とはいったいどのような信仰なのでしょう。聖書には、バランスよく信じなさいなどとどこにも書いてありません。

「あなたは、冷たくもなく、熱くもない。わたしはむしろ、あなたが冷たいか、熱いかであってほしい。このように、あなたはなまぬるく、熱くも冷たくもないので、わたしの口からあなたを吐き出そう。」（聖書）

むしろこのように、クリスチャンたちに態度をはっきりしろと言っています。信じるなら疑わずに心から信じなさいと言っているのです。どっちつかずの中間的な立場などあり得ません。私はそのような聖書の教えを神の言葉と信じ疑いませんでした。

「宗教はアヘン」とか「いわしの頭も信心」などと、狂信や盲信を戒めたり、ほどほどにせよと昔からよく言われます。私の場合、信じない人から見れば、「狂信」あるいは「信じ過ぎ」だと思われるかもしれません。しかし、私にしてみれば、ほどほどに信じるならば信じないのと同じです。神がいると信じたなら、その道を求めていくのは道理でしょう。特に、キリスト教の場合、聖書という具体的なマニュアルがあるわけですから、そのマニュアルについて正しく学び理解することは、盲信にならないために、あるいは正しい信仰を維持し成長していくためにも重要です。カルト的な教会で支配されないためにも聖書についての基本的な知識が必要でした。しかし、聖書は深く学べば学ぶほど様々な解釈や理解が生じてくる厄介な書物でもあります。

私は、信仰生活においてはむしろバランスを持っていたと認識しています。聖書の知識が実際の生活の中で生かされていくように心がけてきました。最も大切な「神を愛し、隣人を愛する」という教えを軸に生きてきました。しかし私の人生は、宗教的なストレスに満ちたものでした。聖書に従う人生というのは、信仰の戦いなのです。

「ですから、信仰によって義と認められた私たちは、私たちの主イエス・キリストによって、神との平和を持っています。」（聖書）

クリスチャンにとって「平安」は、いつも神との関係の中にあります。しかし神との縦関係の中で平安があっても、横関係の社会の中ではジレンマの連続です。なぜなら聖書の価値観は、この社会の価値観とは全く相容れないからです。

私は幼い頃から家庭でも教会でも聖書の言葉を聞かされながら育ち、試行錯誤しながらも私なりに精一杯聖書を体現する人生となりました。そのように生きてきた私の人生が最悪の人生になったということこそ、聖書がナンセンスであったことの証明ではないでしょうか。言い直すなら、聖書に従って忠実に生きようとしたからこそ、不毛の人生を歩んできたということです。

神に人生を委ねるとは

「あなたがたの思い煩いを、いっさい神に委ねなさい。神があなたがたのことを心配してくださるからです。」

「心を尽くして主に拠り頼め。自分の悟りにたよるな。あなたの行く所どこにおいても、主を認めよ。そうすれば、主はあなたの道をまっすぐにされる。」（聖書）

このような神の約束を信じ、私は神に人生を委ねて生きてきました。その結果、人生破綻しました。その私に牧師たちは「神しかあなたを救えません。神に委ねましょう」と言います。何という無責任な言葉でしょう。私を救えるような神ならば、なぜ神は私を破綻させる必要があったのでしょう。私を破綻させた残酷な神をどのように信頼できるのでしょう。神は、神を信じる者たちを虐待するほど、暇を持て余しているのでしょうか。そんな神が「愛なる神」なのでしょうか。人間の親だって子どもを命がけで守って愛するのに、命がけで神を愛し従う信徒を神は虫ケラのように踏みつぶすのでしょうか。そのようなデタラメな神にどうして人生を委ねることができるのでしょうか。

「委ねる」というのはすべてをまかせることであり、責任を持っていただくということです。少なくとも人間社会ではそうです。キリストを信じるということは人生を神に委ねることです。すなわち聖書の言葉に従って生き、神の導きを祈り求め、信じて生きていくのです。そのために人間は礼拝や献金や奉仕を神に捧げ、人生を捧げています。人間が聖書に従って責任をはたして最善を為しているのですから、当然神は人間の人生に責任を持つべきではないのでしょうか。責任を持てないような神ならば、委ねることはできません。

聖書はクリスチャンにとって神の言葉であり、人間との契約書なのです。旧約聖書はキリスト以前の契約書、新約聖書はキリスト以後の契約書という意味です。神を信じるというのは神に依存することでも頼ることでもなく、神との契約関係なのです。一般に人々が宗教にイメージする「弱い者が神に頼る」ようなものではありません。むしろこの世での幸福を追求することよりも、神と共に平安に永遠に生きるために、神から与えられた契約書だと言えます。

「主は私の羊飼い。私は、乏しいことがありません。
主は私を緑の牧場に伏させ、いこいの水のほとりに伴われます。」（聖書）

礼拝でこの聖句をどれほど繰り返し読んだことでしょう。羊飼いの牧者が羊を守るように、信じる者と共にいて守り導いてくれる神ではなかったのでしょうか。そのような、神を信頼し従って生きてきた私の人生を破綻させた責任が私自身にあるというのなら、神に委ねる信仰に何の意味があるのでしょう。

「私はキリストと共に十字架につけられました。もはや私が生きているのではなく、キリストが私のうちに生きておられるのです。」（聖書）

このようにパウロも、自分の自我は死に、キリストが彼の内に生きていると証言しています。それはキリストに人生のハンドルを委ねたということです。

「だれでもキリストのうちにあるなら、その人は新しく造られた者です。古いものは過ぎ去って、見よ、すべてが新しくなりました。」（聖書）

これらのパウロの言葉こそ、聖書によるマインドコントロールそのものをはっきりと示しています。つまり委ねる信仰によって自分のアイデンティティーを失い、聖書の価値観によって支配される人生とされていくのです。

喜びの消えた人生

私が信仰を捨て、神など存在しないと断言したとき、家族や牧師やクリスチャンの友人たちは驚きました。彼らは、私が苦しみに負けないで神を信じ続けるように勧めました。ある尊敬する友人牧師は、牧師になって以来一度も欠かしたことのない礼拝を休んで、寝袋まで持参して二度も遠路かけつけてきて、何日もの間、ひたすら私の話を聞き続けました。彼らが共通して、絶叫するように言い放った言葉があります。それは「私は神様がいなかったら生きていけないのよ。」という告白でした。信仰者の立場から見れば、模範的なクリスチャンの告白ですが、逆の立場から見るなら、明らかに自己を見失っています。

私の人生は平坦な人生ではなく困難の連続でしたが、それでも愛する家族がいたから幸せだと思って生きてくることができました。その家族を失い、全てを失って、何の希望があるというのでしょう。すべてを失っただけでなく、このままでは自分の居場所を失った私は、失い続けていく苦しみの人生を生き続けなければなりません。

私は、神は存在していなかったとわかりました。いつも共にいると信じていた神など、初めからいなかったわけです。私がどれだけ神を信頼し愛していたか、私の一家がどれほど神を信頼し従ってきたか、神はすべてを知っていたはずです。もし神が存在していたのなら、そのような一家を、わざわざ神の全能の力を使って木っ端微塵に破綻させる必要がなぜあるのでしょうか。私が信じていた聖書の神はそんなナンセンスな神ではありません。そんな神であったなら、こちらからお断りでした。

神を否定したときから、まるで霧が晴れていくように世界がありのままにはっきりと見えるようになり、子どもの頃のような純粋な感動が心によみがえってきました。それで私は、自分の目が全く見えていなかったことに気づきました。

私は、私の家族たちの人生をとんでもない方向に導いてしまいました。娘たちは幼い頃、韓国のキリスト教文化の中で多くの温かいクリスチャンの隣人に愛され、素直に神を信じました。私は自ら模範となり防護壁となって、聖書の世界観や神を信じることの大切さを伝えました。神の愛の中に生きることが、人生の幸福の基盤だと信じて疑いませんでした。親としての最も重要な役割は、信仰を子どもたちに継承することでした。「Born Again」というクリスチャン用語がありますが、「自我に死に、神に委ねる人生を生きる」ということです。様々な葛藤を経ながら、子どもたちはBorn Againした自立したクリスチャンへと成長しました。

今、私がこのような人生になって最も苦しんでいるのは娘たちです。一家が物理的にも精神的にも崩壊してしまい、それだけでも耐えられないようなことなのに、子どもの頃から家族が一致して信じてきたものがデタラメだったなんて言われて大混乱しています。神を信じて生きてきた母親の、粉々に砕け散った悲惨な人生を見て、娘たちはもう以前のように神を心から喜んで信頼することはできないでしょう。一途に信じ従ってきたクリスチャンをも破滅させる神を、どうして信頼できるでしょう。娘たちの心から、喜びはこの二年間全く消えてしまいました。人間は喜びを失ったら生きていけません。喜びがない人生は病んでいくだけです。

それまで家族の心の要であった私の人生が粉々に砕け散り、やがて家族たちの心も病んでいき、うつ状態、あるいはうつ病と診断され、それぞれの場でもがくように生きていました。いつも共に祈り、神に感謝して生きてきた私の家族は、その拠り所を完全に失い、漂流し始めていたのです。

しかし娘たちが神の存在を否定することは、私以上に容易ではないでしょう。私が子どもたちに実践的な信仰を教え、さらに、多くの心温かいクリスチャンに囲まれた環境で物心つく前から疑うことなく信じてきたのですから、それ以外の人生観など持ち合わせていないわけです。私が居場所を失ってさえいなければ、そんな娘たちを支え、神など信じなくても生きられるということを伝えたでしょう。しかし私は自分の居場所さえ失い、健康まで失って家族を支えることすらできなくなってしまい、心が引き裂かれるようです。

また一方、もし私にこのような禍が起きていなければ、私は幸せな人生を生きたのだろうかと考えてもみました。おそらく私はますます神を愛して、不毛の人生を歩み続けたでしょう。私の心の目は塞がれ何も見えていないまま、ただ永遠の命を信じて死んでいったに違いありません。いずれにしろ、キリスト教の影響を受け続ける環境に生まれた私は、不毛の人生を生きる運命でした。人を破滅に導くような人生なら生まれてなどこなければよかった、というのが私の結論です。

人間の愛とキリストの愛

私たち夫婦は国際結婚し、出会ってから四〇年近く人生を共にしながら、いつからか一心同体という言葉を心から実感するようになりました。私たち夫婦は一＋一＝一のような関係で支え合い、互いになくてはならない存在でした。夫はもともとクリスチャンではありませんでしたが、偏見や固定観念にとらわれない男性でした。私が結婚した頃の日韓関係は「近くて遠い国」と言われ、韓国での暮らしは反日感情も想像を絶していました。そのような時代であったのにもかかわらず、夫は私をありのままに受け入れ、両国の関係を大切に考えていました。しかし聖書的な価値観に支配されていた私は、そのような夫の心も見えていなかったことに、今になって気づきました。もちろん夫を愛してはいましたが、それよりもいつも宗教的なジレンマが私を支配していました。それでも夫は私を理解し、家族を支え続けてくれました。

結局、聖書の世界観に支配されて生きていた私には、いつもありのままの人間の心は見えていませんでした。私にとって神の存在は祝福の源泉であり最優先でした。韓国社会での厳しい現実から家族を守るためにも、私は心から神を信頼しいつも神を見上げて生きてきました。聖書の夫婦観というのは、お互いが向き合うのではなく、二人が神の方向を見て共に歩む関係です。それは教会の中の人間関係も同じです。すべてのクリスチャンは、神によって支配され一体となるのです。

しかし今は、そのような聖書の世界観がとんでもない勘違いであったことに気づきました。クリスチャンは「守られている」「導かれている」という表現をよく使います。私も、私の家族を守ってくれているのは神だと信じていましたが、夫こそが私を支え守ってくれていたのです。このような勘違いこそが私の一家を破綻の方向へ導きました。聖書の世界観によって何も見えなくなっていた私は、判断力を失い、とんでもない方向に進んでいったのです。

「心を尽くし、思いを尽くし、知性を尽くし、力を尽くして、あなたの神である主を愛せよ。」

「あなたの隣人をあなた自身のように愛せよ。」（聖書）

イエスはこの二つの戒めが最も重要な教えだと言いました。私は、神の愛は人間の愛より偉大だと信じて疑いませんでした。しかし今は、神は人間を支配するだけで、愛してはいなかったことに気づきました。私は神を心から信頼し愛していましたが、神が私に与えたのは信仰生活の矛盾と葛藤だけでした。いいえ、初めから神など存在していなかっただけです。

「隣人を自分自身のように愛せよ」と言うのは、どのような愛でしょう。これはつまり、「自分にしてほしいように、隣人にもしてあげなさい」あるいは「自分を大切に思うように、隣人も大切にしてあげなさい」ということでしょう。

しかし、人間は自分自身を本当に愛せるのでしょうか。今の時代には、自分を愛することができない人や自己評価の低い人も多く、うつ病やひきこもりなどは身近な社会現象です。たとえ隣人を自分のように大切にしてあげることができたとしても、そのような隣人愛やアガペーの愛は、相手が見えていない独善的な愛になり得るのです。なぜなら人間は自分を正しく愛することが難しいからです。本当の愛は自分の中から偏見や先入観や固定観念を取り去った心の状態で生まれるもので、そのような関係こそが互いを自由にし、解放することができるのではないでしょうか。

私は、聖書的な世界観によって、神の愛は永遠で完全なものであり、人間の愛は不完全ではかないものだと思い込んでいました。しかし本当は、人間の愛ほど深く強いものはないと気づきました。私はそんな夫の愛に今頃気づいたのです。しかし、そんな夫を私は地獄へと導いてしまいました。

喜びこそ、生きる力

私は人生のすべてを失いました。あきれるほどの人生です。
私は死神に引導を渡しました。生きる力を失ったのです。
友人たちに神への怒りのメールを書き続けました。
そして命の電話で苦しみを叫び続けました。
書いているうちに、叫んでいるうちに、私の心の中にストーリーが生まれました。
死神が迎えに来る前に、遺さなければなりません。
人生を不毛にする聖書の教えを暴かなければなりません。
私は生きてきながら、自分が不幸だと思ったことはありませんでした。
いつも愛する家族がいたからです。

家族こそ私の生きる力でした。
しかし信じていた信仰によって、その家族を破滅に導きました。

人間を幸福にするのは、喜びです。
喜びを感じることができる人が、幸福な人です。
どうすれば、喜びを感じることができるのでしょう。
それは心の曇りを取り除くことから始まるのではないでしょうか。

家族はかけがえのないものです。
それは自分の命のようなものなのです。
家族の愛こそが、人間の生きる力です。

私には二歳半の孫がいました。
孫は私が大好きでした。
私が孫の住むアパートに初めて行ったとき、
孫はずっとベランダで私の姿が現れるのを待ち続けていました。
そして私が着いたとき、我慢していたおしっこを漏らしたほどでした。

私はそんな孫が愛おしくてたまりませんでした。

一緒に公園に遊びに行ったとき、
たまたま他の子が私に攻撃するようなマネをしただけで、
孫は慌てて私の前に走ってきて、両手を広げておばあちゃんを守ろうとしました。
あまりにも健気な孫の姿に、胸が熱くなりました。

初めて、川で魚を見たとき、
夏の夜に打ち上げられる花火を見たとき、
プールで水遊びしたとき、
牧場で牛や羊やいろんな動物たちを見たとき、
孫はハラボジの腕にしっかり抱かれて、
目を輝かせて見つめていました。

「ハラボジとおばあちゃん、大好き」
最後に駅に送ったとき、
「おばあちゃん、気をつけて」と言って、

紅葉のような手を振ってくれました。

孫の心に原罪などありません。
澄んだ目の奥には、喜びが満ちあふれていました。
孫の目には何の曇りもありません。
孫の心には、愛が満ちあふれていました。

人間を幸せにするのは神様ではありません。
人間を幸せにできるのは人間です。
人間の心は愛で満ちています。
命のつながっている家族こそ、愛の泉です。

第三部

事実は小説より奇なり

エルサレムの市場の風景

五〇代を過ぎた頃から多くのストレスが私を追い詰めていきました。特に東日本大震災の前後頃から、私の人生は常軌を逸していったと思います。職場での責任はうなぎ上りに増大し、娘たちの就職や結婚も人生の大きな変化をもたらしました。

クリスチャン同士の結婚というのは、出会いのチャンスも少ないし、クリスチャンだからといっても信仰観の不一致でうまくいかないケースも珍しくないので、非常に狭き門だと言えます。結婚適齢期の娘は、好感の持てる感受性豊かなある青年と出会いましたが、彼はカリスマ的な牧師が率いる教会に出席しており、その青年との交流は私たち家族を疲弊させていきました。その牧師は自らの体験を根拠に「日本の教会も神学校も牧師も腐っている」と批判するとともに、聖書のみに徹底して従う信仰を指導し、企業経営のかたわら、自らが牧師となり教会を作って積極的に活動していました。そのような牧師に出会い洗礼を受け指導を受けた青年は、やがて娘の信仰や人格まで否定し始めます。彼が牧師に影響を受け、日本の教会を批判するのを私自身否定することはできませんでした。子どもの頃から見てきた教会の姿は、矛盾と葛藤の連続でした。魂の救いを求めてそこに集う人々は本当に純粋で心優しい人々がほとんどでしたが、多くの人生が交錯する教会で起きてくる問題は、矛盾に満ちているのです。悩みを抱えている人を教会に導いたところで、さらなる重荷を負わせることになるだけで、連れて行ってあげたい教会など周囲にはどこにも見当たりませんでした。

私はいつもそのような教会の内側から社会を見ていましたが、その純粋で真剣な青年に出会って、外側から見た教会を意識するようになりました。日本の教会は、彼のように本気で人生の意味や救いを求めている人々を導くことができるのだろうか、いったいどのような信仰が正しい信仰と言えるのか、心傷ついた娘を回復させるためにも真剣に答えを求め続けました。そして私はさらなる深い聖書の学びの機会を得、自分が信じてきた信仰の本質を再確認するに至ったのです。

信仰生活は私の人生において矛盾と葛藤の連続でした。教会の中でも、ＤＶ、うつ病、離婚、病気、精神疾患、貧困家庭、引きこもり、いじめ、異端問題、カルト問題など、ＳＯＳを求める深刻な問題にも次から次へ向き合わざるをえませんでした。

教会のレギュラーメンバーになると、牧師を支え、共に教会を支えていくようになります。特に日本のように教会の規模が小さい場合、複雑な社会の様々な問題を牧師一人で抱えることは困難で、時には、うつ病や精神的な窮地に陥っている牧師を信徒が励まし支えなければならないことさえあります。私は長い信仰生活の中で、そのような牧師たちの苦悩を見てきました。多くの牧師は経済的にも厳しく、そのような中で教会を建て運営していくことがどれだけ大変なことか、彼らの払う犠牲の大きさを目の当たりにしてきました。しかし彼らは、神のために働いているのであり、この世での評価や代償は求めていないのです。

幼い子どもを抱えたクリスチャンの友人が、クリスチャンである夫の深刻なＤＶに遭ったとき、相談すべき牧師はうつ状態で祈ることさえできませんでした。私は彼女と一緒に事態を警察に届けて、彼女と子どもたちを私の家に保護し、無事に地方の実家に戻る手助けをしました。私は韓国や日本の各地の教会で、大小様々な問題に身近に接して、祈りながら自分にできる最善を為してきました。

教会に深く関わらなければ、そのような問題に心煩わされることはなかったかもしれませんが、聖書を学べば学ぶほど、信仰の実践の場としての教会の中にある問題に関わらざるを得なくなります。人間関係にしても一筋縄ではいかないものですし、良かれと思ってしたことで誤解されひどく憎まれることもあり、そのようなことで苦しんでいるのは私だけではありませんでした。多くの牧師は、信頼でき尊敬すべき人格者でしたが、支配的、権威的な牧師も中にはいるわけで、一生かけてお付き合いする牧師との相性も無視できません。

私が関東で長く席を置いていた教会は、献身的な牧師夫妻がいて小さくても家族的で温かい教会でしたが、韓国人宣教師との葛藤が大きくなっていきました。私は行きがかり上、宣教師の彼女をサポートしてきましたが、日本の文化や習慣を理解しないまま強引に宣教活動するやり方に振り回され続けました。やがて彼女とぶつかり狭い教会の中で互いに言葉も交わさないような関係になり、教会に行くこと自体が苦痛になりました。牧師に相談しても解決策もなく、心身ともに疲労の限界を超えていた私は、少しでもストレスを避けるためにしばらく他の教会の礼拝に出席するようになります。

その頃の私は過労死寸前の状態でした。免疫力が落ち、インフルエンザ、ノロウイルス、帯状疱疹などにたて続けてかかり、食事も喉を通らず救急室で点滴を受け、全身の関節が痛んで朝起き上がれないほどになり、ただ気力だけで動いていました。仕事中に突然、頭が真っ白になって言葉が全く出てこなくなったりするような異常も生じるようになり、その頃にはもう笑うことがほとんどできなくなっていました。そしてある日、新学期の準備をしようとテキストを広げたとき、全く頭に何も浮かばない自分の状態に異常さを感じ、もう仕事はできないとわかりすぐに辞職しました。

　ところが仕事を辞めた途端、まるでそれまで押さえつけていたストレスや疲労が一気に噴出するかのように、私は廃人状態になったのです。というより、もし辞めていなかったらおそらく過労死していたでしょう。ギリギリのところで辞めたのでした。廃人状態というのは、文字通り廃人で、社会生活が全く不可能な状態でした。社会生活どころか日常生活さえも困難で、朝目が覚めても何時間も起き上がることさえできませんでした。

　健康診断では特に異常はありませんでしたが、うつなどの精神的な症状ではなく、脳神経が機能不全状態でした。頭を使おうとすると、脳のシナプス回路がショートして機能しないような感じでした。本も全く読めないし、電話をしたり人と話したりするのがひどく困難になりました。相手の話をなんとか理解はできても、自分の言葉が出てこないのです。ものを考えたり話したりすることが非常に苦痛でした。大好きな車の運転も判断力や集中力が異常に落ちたため危険を感じ、遠出はできなくなりました。まぶたが重く、後頭部に縛られているような重い痛みが常にありました。

　自分はこのまま死んでしまうのではないだろうか、あるいは、回復できず廃人のまま一生終わってしまうかもしれないと思い、悶々とした日々を送りました。しかしすべての原因は長年の疲れとストレスであることがよくわかっていましたから、半年後になんとか生きていればまた元気に生きられるかもしれないと考え、とにかく体を休めるしかありませんでした。しばらくしてまた追い打ちをかけるように体全体に湿疹が広がり、かゆみで眠ることもできなくなって治療を受け、自分の体が長年のストレスで悲鳴をあげているのを実感せざるをえませんでした。

　それでも長い間の超多忙な生活からも解放されて、風の音と鳥のさえずりしか聞こえない居心地の良いわが家でゆっくりと過ごせる時間は、私にとってありがたく幸せでした。生も死も、私の命は神の手の中にあると信じていましたから、祈りながらすべてを委ねていました。

　休む間もなく走り続けてきた人生で、この家に引っ越してきてからも家事もずっと手抜きでしたから、二カ月近くかけて、来る日も来る日も心ゆくまでわが家を大掃除して磨きあげていきました。庭も隅々まで手入れしました。葡萄やキウイがたわわに実り、花木に鳥や蝶が遊びに来る庭が私の癒しの場でした。わが家がすっきりしていくにつれて、心も次第に軽やかになっていくようでした。

　私はその頃、リハビリにゴスペルを始めたのですが、音楽は私の不快な症状を忘れさせ、神への感謝や喜びを歌う歌詞も私の心に深く響きわたりました。長い間矛盾や葛藤を感じ続けてきた信仰生活でしたが、ゴスペルの賛美は私の心に深い喜びを与え、魂を解放しました。それはまるで、長い人生の険しい山道を通り過ぎ、ついに山頂の峰々が見えてきたかのようでした。賛美を通して神の臨在を感じ、喜びと感謝で涙があふれ出て止まらないほどでした。心身ともに疲れ切っていた私にとっては最高のリハビリでした。

半年ほどして正月になり、四国の実家に家族たちと一緒に帰省しました。何年ぶりかの故郷は南国の光にあふれて海も山も川も輝いていて、水もおいしいし、まるで楽園のようで癒されました。

父はその一年前に大怪我をして入院し、退院後も認知症が一気に進んでいました。昔のことはよく覚えていましたが、数分前のことは全く覚えていません。自営業を営んでいた元気な頃の父はとても勤勉で、優しく明るい人柄でした。認知症のせいでぼんやりしてはいましたが、父の優しさは変わることはなく、久しぶりに孫や私の夫に会ってとても嬉しそうでした。研修のため九州に行く娘を駅まで見送ってくれた父は、汽車を待つ間、何歳になったのかと娘に繰り返し繰り返し聞いては、孫が成長したことを喜んでいるようでした。

母は一年余りの父の介護でとても疲れていて、少しうつ気味でした。長い間連れ添った夫をまもなく失うかもしれないという思いもあって、とてもつらかったのでしょう。母の父への介護は、本当に誰も真似のできない献身的なものでした。これが六〇年以上人生を連れ添ってきた夫婦の姿なんだと、父に対する母の深い愛情を感じました。

そんな母が私に、四国に帰ってきてはどうかと言いました。それまで私は実家に帰るつもりはありませんでしたが、久しぶりの故郷の自然が別世界のように居心地よく、今まで私を支えてきてくれた両親への感謝の気持ちもあり、自然に母の提案を受け入れました。そしてそのときは父がとても弱っているように見えたので、早く帰ってこなければと思ったのです。

このことが後に私の一家を地獄に導くことになりました。なぜなら、その時点での私にとって、故郷に戻る選択肢などあり得ませんでした。実家の両親の状況を見ながら、千葉から行き来すればすむ問題でした。日韓を行き来してきた私には、グローバルで多様な文化が混在する関東が性に合っていて、すでにその地に根を張っていたのです。

私にとっての居場所は千葉のA市でした。私たち夫婦は、初めてこの街を訪れたときから自然豊かなこの街が好きになり、森に囲まれたこぢんまりしたわが家を奇跡的に手に入れることができました。私は一〇数年前、不動産に紹介されてこの家を初めて見たとき、緑豊かな環境に一目惚れして購入しました。住めば住むほどますます愛着を感じ、夫も休暇には日本へ来てゆっくりと過ごすことができました。成田空港にも近く都内へのアクセスも便利で、韓国で仕事をしている夫が国内感覚で行き来でき、すべてにおいて理想的な環境でした。この居場所があったからこそ、家族たちが慣れない関東の地で元気に頑張ってこられたのでした。ようやく関東の地に馴染んできた一家にとって、その地を離れることは慎重に考えるべき決断のはずでした。

しかし疲れ切っていた私は、恐ろしいほどに判断力や思考力も失っている自分の状態にも気づかず、ただ状況に導かれるままに動いていました。神の導きという言葉が私を導きました。私の家族も両親も皆クリスチャンでした。私は結婚後一二年間韓国で暮らし、四国に帰ってきて四年あまり、さらに関東へ移り一三年、いつも神の導きを求めて大胆に生きてきたので、誰も私の決断に特に違和感を覚えることはなかったでしょう。

とりあえず一年後に四国に帰ることにして、私は千葉に戻り関東での生活を整理していきました。まもなく長女が出産し、初孫が生まれました。本当に可愛い女の子でした。ところが初孫を見ても私は何の感動も覚えず、そのような自分の姿にも気づきませんでした。しかし長女は、私のそのような異常な姿に気づいていました。

また、次女は国家試験を控えていて周囲の支えも必要で、これからが最も大切な時期でした。しかし物を考える気力もないほど疲れていた私は、ただ神を賛美することでようやく生かされていたのです。娘たちがこれから国家試験や就職や結婚や育児などの人生の大きな岐路を迎え、巣立っていくのを見届け、そしてそれが私にとって家族との大切な時間でもあるのに、その大切な家族の存在も見えていませんでした。そして苦労して手に入れた大切な居場所さえも、もうその意味を失っていました。人生の次のステップに神が導いておられると確信していました。それは礼拝のメッセージや聖書の言葉やクリスチャンたちとの出会いの中で不思議に導かれていったのです。

私は残りの人生を神に捧げ全身全霊で神を賛美しながら生きようと願っていました。半世紀近くの信仰生活を歩んできた私には、それ以外の人生の選択肢などあり得ませんでした。信仰の戦いの中にいる伝道者たちや若い人々やクリスチャンたちを応援することが神のみこころであると、疑う余地はありませんでした。なぜなら、私自身がそのような戦いの中をひたすら歩んできたからでした。

「いつも喜んでいなさい。絶えず祈りなさい。すべての事について、感謝しなさい。」

（聖書）

心身ともに疲れ切っていた私は、ひたすら神と向き合い神を賛美することはこの上ない喜びであり力でした。私にとって喜びのない信仰生活は虚しいものでした。

金銭感覚もバランスを失っていました。生活は質素倹約しながらも、神様のためなら喜んで大判振る舞いになっていきました。そして私は、愛着のあったわが家さえも、車でも処分するような気軽な感覚で手放しました。人生の最終目標は神の栄光を現すことであり、ただ神の導きだけが重要でした。神を賛美しながら天国に凱旋したいと心から願っていたし、周囲の人にいつもそのように語っていました。母もそのような私に「あなたを見ていたら、神が導いておられるのがよくわかる」と言い続けていたし、私もそう信じて生きてきたのです。

そして翌年、関東での生活を閉じて実家に帰ってくると、私の部屋の畳を表替えして、夜更けまで首を長くして私の到着を待っていてくれた両親の姿を見て、これからまた新しい人生が始まるのだと思いました。私にはそこが世界で一番平和で美しく豊かな楽園のように思えました。

毎朝、友人と近くの山に登るようになりました。坂道が大の苦手だったはずの私が、木々の香りに包まれ登っていると、自然の精気が疲れ切った体に染み込んできてよみがえるようなパワーを感じました。そのうちに、夜が明けるのも待ち遠しくて一人で薄暗いうちから登り始めるようになり、夜は心地よく疲れてぐっすり眠りました。まぶたを開けるのもつらいほどの頭の重さも、タマネギの薄皮を剥ぐように次第に回復していきました。

私が実家に帰った頃から父はどんどん元気になりました。いつもぼんやりして、何を食べてもおいしくないと言っていたのに食欲も旺盛になって、一緒に散歩にも出るようになり、よくしゃべって見違えるように活発になっていきました。しかしその言動は支離滅裂としていて、他人に対してはなごやかに接しているのですが、共に暮らす者には全く耐え難いものとなっていきました。母はそのような父のすべてを受け入れていましたが、私の生活空間は失われていきました。

そのようにして半年が過ぎました。そして私に、生き地獄のような人生が突然訪れるのです。

それは一〇月の半ば頃でした。その年、西日本は猛暑が続き、夏の間は夜もずっと部屋のエアコンをかけ続けて、窓を閉め切って熟睡していました。ようやく涼しくなり、エアコンのない寝室に戻って寝ました。夜半過ぎ、突然カラオケの響きわたる音で目が覚めました。家の正面にはカラオケのチェーン店がありり早朝五時まで営業しているのですが、防音対策が十分になされていなかったのです。客の歌声が耳元に響いて眠るどころではありません。二〇年以上も前から実家の前で営業していましたが、私は長い間実家を離れ、そのような状況を全く把握していませんでした。父は子どもの頃の中耳炎で耳が遠く、母も騒音に慣れていて全く気にせず熟睡していました。一階の部屋の前には倉庫があるので音が聞こえにくいのですが、何の障壁もない二階の部屋ではカラオケの音が反響し、私はそのとき初めて気づいたのです。

そして同時に、下の部屋からはテレビの大音量の音が筒抜けてきました。耳の遠い父がテレビの音量をＭａｘにして、ほとんど毎晩つけっぱなしにしていたのです。そのことにもそれまで全く気づかないほど、私はいつも疲れて熟睡していたわけです。私は一階に下りていき、父にテレビのボリュームを下げるように言いましたが、父は状況を全く理解できませんでした。私は二階の寝室に戻りまた眠ろうとしましたが、父が寝室に入ってきて、大声で私に「テレビの音がうるさくて寝られんのか。まだ聞こえるんか」と心配して聞くのです。私は「うるさくて眠れんから、もっと音を小さくしてよ」と答えました。父は「わかった」と言って下りて行きました。ところがまたやって来て同じことを言います。そして何度も何度も同じことを繰り返し、私が「もう来なくていいから」と言ってもわからないのです。

このとき、全身を闇のような戦慄が貫きました。それは、とんでもないことが私の人生に起こっているという予感でした。地獄が始まった瞬間でした。私はその瞬間、我に返ったのです。なぜ私は家族の大切な居場所を捨ててここにいるのだろう。そのとき、普段ほとんど考えることもなくなっていた夫と娘たちの姿が脳裏に鮮やかに浮かんできて、自分が取り返しのつかないことをしてしまったことに気づきました。

その日までの私の目には故郷が世界一の楽園のように見えていました。しかしその瞬間に、自分の周囲の状況がはっきりと見えてきました。自分にとって最適の生活環境が千葉にあったのに、両親の世話が必要ならしばらく様子を見ながら千葉から通えばよいわけで、交通や情報の便利な時代に四国まで急いで引っ越す必要など全くありませんでした。

しかしそのなつかしい千葉の街にはもう戻れないことに気づき、表現しがたい破滅の予感に襲われ、一瞬で自律神経のバランスが破壊されました。それは得体の知れない恐怖の感覚でした。そしてその全体像を理解するのに、それから二年もの生き地獄を通過しなければなりませんでした。

その頃の私には、自律神経のバランスが破壊されたなどという認識は全くありませんでした。自分に何が起きているのかさえも把握できません。その瞬間眠りのスイッチが破壊され、それ以後眠気も感じないどころか一分も眠ることもできなくなりました。それだけでなく、どんなに激しい運動をしても疲れをほとんど感じません。大好きな温泉に入ってもリラックスするところか、お湯のぬくもりが痛みにしか感じられなくなってしまいました。まるで覚せい剤でも飲み続けているかのように、二四時間、交感神経が、ブレーキの壊れた車のように暴走している感覚でした。私の心の無意識の世界では人生を喪失した衝撃をすでに察知し、体がそのような非常事態に本能的に反応していたと思われます。

人間にとって眠れないほどつらい拷問はないと聞いていますが、本当に気が狂いそうなほどの苦しみです。一日の活動が終わって、心地よく眠ることで疲れも取れます。それなのに眠れない理由が全くわかりません。初めはカラオケなどの騒音のせいだと思って、カラオケ騒音の苦情を市や店に訴え続けたけれどもなかなか動いてはくれず、父のテレビの大音量も止めることはできないし、修羅場のような日々が続きました。

あるいはこの苦しみは神の怒りなのかとも考えました。聖書には「主は愛する者に眠りを与えられる」とありますから、私自身の何か大きな罪のせいなのかと考えてもみたのです。しかし、そんなことも考えていられないほど事態は深刻になっていきます。一一月が過ぎて一二月頃には正常な生活はできなくなり、不眠で思考力や集中力も著しく失われ始めました。

夜中に、昼夜の区別なく起きたりうたた寝したりしている父と台所で出くわし、テレビがうるさくて不眠症になったと告げると、父は「わしのせいで娘が病気になったのか」「こんな親は生きとる値打ちがない」と言いながら混乱して突然包丁を取るので、その包丁を取り上げようと取っ組み合いになったこともありました。

年末になり、騒音や父との衝突に耐えられず、私の様子に気づいて心配してくれた友人の勧めもあって、クリスマス当日、私は夫のいる韓国に行きました。夫の実家の静かな環境で過ごしても、全く眠ることはできません。漢方の病院で治療を受け高価な漢方薬も飲みましたが効果もなく、結局体調を崩してしまいました。韓国の家族たちは私の状況をとても心配して、特に高齢の義父母は長男の嫁の突然の病気に大きなショックを受けていました。

健康保険も持っていない韓国での治療はあきらめ、日本へ帰ることにしました。いつもならバスターミナルまで見送ってくれていた情の厚い義父が、家から出ていく私たちを見送る気力もなく「クッポッケラ（なんとか克服するんだぞ）」と投げかけたその言葉が、いつまでも私の心に哀しく響き続けました。正月に私は夫と共に四国の実家に舞い戻りました。

年明けに、初めて精神科病院を受診しました。その頃の診断では環境適応障害による重度のうつ病ということでしたが、薬を処方されても状況は変わりませんでした。

夫と共に一日中山歩きをして私よりもはるかに体力のある夫が疲れても、私は疲れさえ感じることができません。いつもアクセルが踏まれているように交感神経が働き続けているような感覚です。どんなにもがいても自分で自分の体をコントロールできません。いったい人間は全く眠らないでどれだけ生きていられるのでしょうか。ネットで調べてもそのような症例は見つけられませんでした。眠気さえ感じることもできない日々はまさしく二四時間継続される拷問でした。疲れを感じ眠気を感じられる当たり前のことが人間にとってどれだけ幸せなことであるか、初めて知りました。

全国のクリスチャンの友人たちに連絡して祈ってもらうしか、もう打つ手がありませんでした。私にいったい何が起きているのか、夫も母も周囲の友人たちも、医者でさえ、誰もわけがわかりませんでした。夫は「あなたのようないい人が、どうしてこんな苦しみを受けなければならないのか」と涙を流しました。理性的で涙など見せたことのない夫が泣いているのを見ても心は動かず、ただ映画を見ているような残酷なシーンでした。

母は私が子どもの頃から聖書の話をよくしましたが、それを止めることもできないので、私はいつもさりげなく聞き流していました。実家に帰った頃から、母は「世の終わりがもう近いのです。キリストの携挙の日が近づいています。クリスチャンはみんな生きたまま天に上げられるのです」と繰り返しました。そして、父と母と私と三人が共に携挙される日が近づいている、と聞かされ続けました。携挙というのは、この世の終末にキリストが再臨して、地上にいるクリスチャンたちが空中に引き上げられてキリストと会い、天国で神と共に永遠に生きるという神の計画です。母はその日を待望しているのです。

「主は、号令と、御使いのかしらの声と、神のラッパの響きのうちに、ご自身天から下って来られます。それからキリストにある死者が、まず初めによみがえり、次に、生き残っている人たちが、たちまち彼らといっしょに雲の中に一挙に引き上げられ、空中で主と会うのです。このようにして、私たちは、いつまでも主と共にいることになります。」（聖書）

しかし母は、私が地獄のような不眠で苦しんでいることもよく理解できず、あまりにしつこく携挙の話や世の終末の話を聞かせようとするので、

「今はもうそれどころじゃないから、その話はもういいから」

と伝えました。その瞬間、食事をしていた母の様子が明らかに変わりました。しばらくうつむいて黙っていましたが、それまで私が聞いたこともないような声で、

「あんたは私に、神様の話をするなと言うた」

と呻くように言い、私をサタンだと言って、耳を疑うような言葉を吐き続けました。私はその場に立ったまま、そのような母の姿が信じられず声も出ませんでした。母には神以外の何も見えていないのです。地獄の苦しみの中にいる娘の姿も全く見えていませんでした。

私は判断力がどんどん失われて思考が支離滅裂になっていき、買い物や料理を作ることも困難で、食事もままならなくなりました。実家では生活困難になり、急遽、東京の娘のアパートへ夫と行くことにしました。娘は、私が不眠障害に陥ったほぼ同時期に、突然、娘の夫が海外への単身赴任となり、大都会のビル街でたった一人で一歳の孫を育てていました。孫は誕生日を過ぎたばかりで、ちょうど足が立ち始めたところでした。床にしっかり両足を踏ん張って

立った瞬間、孫は満面の笑顔で手を叩いていました。そんな姿が愛おしくてたまりませんでした。孫はたちまち私たちになついてきました。

一年前に孫が生まれたとき、私が愛情も示さなかったことがとても悲しかったと娘に責められ、自分の状態がいかにひどかったか、ようやく気づきました。私は長い間、自分を見失っていたのでした。それがいつ頃からかはわかりませんが、何も見えていない自分がいたということは、娘に指摘されたときから気づき始めました。一人で子育てしている娘を支えてあげなければならない母親の私が娘の重荷になっていることもつらく、孫にも申し訳なくて、どうして関東を離れて実家に行ってしまったのか、後悔が尽きませんでした。

しかし思考力や判断力はさらに失われていき、神経が誤作動しているかのように体の抑止が効かなくなり、部屋を走り回るほどでした。さらに何かに取り憑かれているような恐怖の感覚がありました。例えば、わずかに熱が出ただけでインフルエンザだと思い込み、日曜日に救急室に駆け込みます。点滴を受けていると、隣に嘔吐をし続けているノロウイルスの疑いのある急患がいてノロウイルスが移ったかもしれないと思いこみます。孫や娘に病原菌を移すのではないかという恐怖でいてもたってもいられず、一晩中、家中を布巾で拭き続けていました。

あるいは、四国の実家の両親が日が暮れても電話に出ないと、交通事故にでも遭ったのではないかと心配でたまらなくなく、警察や救急病院や家の近くの友人に何度も問い合わせ続けました。このように不眠障害が進むと正常な思考はできなくなり、得体の知れない不安感や恐怖感に包まれ、全てを最悪の方向へと考えていきます。

夫も、まるで気が狂ってしまったかのような私の言動に振り回され体調を崩し始め、まだ冬休み中ではあったけれど韓国へ戻り治療を受け、私も二月になり実家へまた戻りました。食生活もままならなくなり、友人がパウチ状の栄養剤を運んできてくれてそれだけ飲んでいました。不眠状態がとうとう四カ月めに突入して車の運転ももはやできなくなり、身動きも取れず、友人たちがいろんな病院に連れて行ってくれて総合的な検査を受けましたが、精神科でもこのままでは命の危険もあり得ると診断され入院を強く勧められましたが、私は頑なに拒否しました。まだ母親の状況など何も知らず、国家試験を目前にしている次女のことが何よりも心配でした。私にとってこのような状況で精神科の閉鎖病棟に入院するなんて、死刑宣告に等しいことでした。このままずっと眠れなければ自分はどうなってしまうのだろうか、ブレーキが壊れた暴走車に乗っているようで為す術もありませんでした。

二月の下旬頃でした。夜半過ぎに突然、心臓や胃腸や身体中の内臓がかき回され引きちぎられそうな感覚になり、呼吸も浅く速いのです。ついにもう死ぬかもしれないと思って韓国の夫に「さようなら」と別れを告げ、ぐっすり眠っている母を起こしてすぐ近くの救急病院まで車で運んでもらいました。ところが病院に着いた頃には症状は治まっていて、私は診察も受けずそのまま冷たい小雨の降る夜道を歩いて帰ってきました。

それから二～三時間ほどして明け方にまた同じ症状に襲われ、今度こそはいよいよ死ぬんだと思い、生まれて初めて自分で救急車を呼んだのです。ところが救急車が来た頃には症状は治まっており、そのまま帰ってもらいました。翌朝までに同じような症状が数回繰り返され、結局救急車を一日の間に三回もコールし三回目はついに救急病院に運ばれますが、検査の結果何の異常もありません。ずっと後でわかったのですが、それは一過性のパニック障害というものでした。病名は聞いたことはありましたが、具体的にどのような症状であるか知らなかったし、不眠で支離滅裂となっていた私がさらに救急車を何度も呼んだことで、周囲の人々はみんな驚きました。一番驚いたのは母で、救急隊員が何度も来て、多くの人が駆けつけて来て家を出入りし、何事が起きているのかわからずただ呆然としていました。

その翌朝、突然三人の友人たちがやって来ました。救急車を何度も呼び周囲を騒がせたために、私の母や娘の依頼を受けて、私を精神病院に保護入院させるために駆けつけて来たのです。当然私は拒みました。次女の大切な国家試験がもう二～三日後に控えていて、合格したらすぐに通勤のための車をなんとか手配しなければならないし、保護入院させられればいつ退院できるかもわからなくなり、自由がすべて奪われ身動きが取れなくなります。それは私には残酷すぎるほどつらいことでした。なぜ私が、このような生き地獄のような不眠の苦しみを味わい、さらに強制的に入院させられなければならないのか、そんな人生なんてあり得ません。しかし、手も震え、思考はまとまらず錯乱状態で、目の前で起きていることがすべて恐ろしい映画を見ているような修羅場そのものでした。しかしそのまま強引に車に乗せられ、入院させられました。

家を出る直前、車の保険会社に電話して、車の保険を全て解約しました。そのとき、担当者に切羽詰まった事情を説明して「これから入院してもう死ぬまで運転することはないのですべて解約します。」と伝えました。当時すでにノンフリート等級は二〇等級になり保険の割引率が最大にまでなっていたのに、もう必要ないと言ってすべて解除してしまいました。そしてまだ車検もしていない新車までも、処分しようとしました。もう無事に戻っては来られないと、悲壮な覚悟をしていたのです。

病院では診察後、すぐに閉鎖病棟に入れられました。薄暗く、トイレと水道だけが部屋についていて、常時カメラで監視され、まるで刑務所の独房のような病室でした。そのような部屋で何もせずただ時間を過ごすわけです。夜は消灯後、施錠されました。すべての持ち物は管理され、家族以外の面会はできません。

窓も通路も何重にも厳重に遮断されていました。私の心にあったのは、何も知らず国家試験を間近にした次女のことだけでした。死ぬ前に彼女に当面の生活費を送らなければと、ひたすら出口を求めて通路を走り回りました。何でこんなひどい人生になってしまったのか、本当にこれは現実なのか、あまりに哀れな自分の姿でした。

病院では私が逃げようとして暴れていると判断したのか、非常に強い薬を飲まされました。その薬は筋肉を動きにくくする作用があり、そのために息を吸うのも困難になり、まるで金魚がアップアップするようにとても苦しいのです。薬の説明も一切なかったのでそれが薬の作用だなどとは全く知らず、スタッフに息が苦しいので医者を呼んでくれと頼みました。しかし、おとなしくできないのなら部屋を施錠すると言われ、私は仕方なくじっと我慢するしかありませんでした。どうしてこのような非人間的な扱いを受けなくてはならないのか、悪い夢でも見ているようでした。

喉の筋肉も動きにくくなり、しゃべりたくても苦しくて思うように声が出ません。肋間神経痛のような胸の痛みも時々襲ってきました。それらが薬の作用だとも知らず、経験したことのないいろんなつらい体の症状が次から次へと現れましたが、スタッフたちはマニュアル的な対応で取り合ってはくれませんでした。昔は入院患者が暴れたりして大変だったけれど、今は新しい薬がたくさん出てずいぶん楽になったと、担当医師から後で聞きました。

あるとき、施設の見学に来た人に廊下でスタッフが説明しているのをたまたま聞きました。

「この病院は治療するための施設ではなくて、患者を隔離するための施設で刑務所と同じです。もし患者が病気になっても、そのままお亡くなりになるんです。」

そこは人間が一個の人格として扱われない、隔離するためだけの空間でした。何もせずただ無意味に時間を過ごすことは、私には苦痛そのものでした。薬だけを一方的に与えて、治療らしい治療などなされていませんでした。それでも三度の食事だけが唯一のメリハリでしたが、その食事さえ、山盛りの白飯に、おかずらしいおかずもほとんどなく塩気さえもなくて食べられません。病院なのに、栄養バランスとはほど遠い献立です。お茶やコーヒーさえも自由に飲めません。すべてのものが管理されるからです。意思疎通もほとんどできないような人々と一緒に食事をとりながら、私も彼らのように社会に二度と戻ることはできないんだと絶望的な気持ちになりました。

閉鎖病棟にいる人たちは、社会で生活できないような人がほとんどです。原因もわからず一日中叫び続ける人、部屋の中で発作を繰り返し何かを叩き続けて暴れている若い人、警察官に連れてこられた患者を隔離するための警戒がさらに厳重な部屋もありました。そして上の階にはもっと深刻な症状の人々がいるらしく、この階でいられないような人は上の階に連れて行くと言われ、皆恐れていました。このような閉鎖病棟で隔離され自由を奪われ、社会から完全に遮断された存在となり、私は自分の運命を呪いました。この頃にはもう、祈るどころか神の存在など全く無意味でした。

食事がひどすぎて腹が空いて耐えられず、両親が毎朝来てお茶や果物やゆで卵を届けてくれました。ベッドの横に立っている年老いた両親の姿を見ながら、なぜ八〇代も半ばの高齢の両親が私の面倒を見なければならないようなことになったのか、情けなくてたまりません。父は薄暗い病室を見て「どうしてこんな薄暗い部屋に娘を閉じ込めているのか」と言って、何としてでも私を連れて帰ろうと騒ぎました。本当に神は残酷です。何ゆえに、半世紀以上純朴にキリストを信じてきた両親や私の家族にこんなことが起きているのでしょう。起きていること自体が信じられず、人間としての自尊心は完全に破壊されていきました。

強力な睡眠薬も処方されましたが全く効果はなく、眠気さえ感じることはありませんでした。診断名は双極性障害あるいは重度うつ病ということでしたが、原因は全くわからず担当医師は首をひねっていました。今思えば、私はうつ病などではなく、重度の睡眠障害でした。それは闇のように深い喪失感から来ていたのです。しかし、私に起きたことを紐解くことができる人など誰もいませんでした。私に起きていたことは私の人生全体につながっていることであり、そのことが見えてくるまでにはそれからさらに一年以上かかったのです。

入院してひと月ほど過ぎた頃、思いがけず退院許可が下りました。私が退院を切望していたことや、担当医師も静かに過ごしている私の入院の必要性はないと判断したということでしたが、すでに精神障害者というレッテルを貼られ、外来治療を引き続き受け続けなければなりませんでした。医師からも、患者に対する世間の偏見やネット社会の恐ろしさを忠告されました。

しかし、退院した私を待っていたのは自宅での引きこもり生活でした。四国の田舎では精神病院に対するイメージは昔とさほど変わっていません。私の場合、都会から親の世話のために帰ってきて一年も経たないうちに、突然不眠地獄に陥り錯乱状態にまで至り精神病院に入院したのですから、周囲の関心も大きかっただけに驚きも尋常ではありませんでした。都会から帰ってきた娘が突然頭がおかしくなった、と思われても無理がないでしょう。本人にさえわけがわからないのですから。親の世話どころか、母が父と私の世話をしなければならないような状況に陥ってしまったわけです。いったいどうしてこのような人生になってしまったのか、私にどのような落ち度があったのか、投げやりな気持ちになっていきました。

母は、それでも父と二人で毎日幸せそうに過ごしていました。まるで何もなかったかのように、両親の楽しそうな笑い声がよく聞こえてきました。母は私に、神の臨在を感じながら聖書などを静かに読んだり、詩を書いたり、父と二人で自然の中を散策しているときが一番幸せだと言いました。そして私には「部屋で一人静かに過ごしていれば、春になる頃にはあなたも癒されますよ」と言いました。しかし退院後、自暴自棄になった私は両親とも激しくぶつかるようになり、理解し合えない両親と暮らすことは私の精神をさらに追い詰めました。

退院から二カ月後、私は実家での引きこもり生活に見切りをつけました。もう再び故郷には帰ってこないつもりで、小さな旅行カバンひとつだけ持って実家を離れました。四国へ帰ってわずか一年後のことでした。楽園のように感じていた自然豊かな故郷は、もはや思い出すのもつらい場所となり、もう戻るべき家も居場所もどこにもありませんでした。それから一年半、浮き草のように各地を漂いながら、あちらこちらに身を寄せながら生きてきました。故郷も、両親も、家も居場所も、友人も、そして家族との幸せもすべて失ったのでした。

第四部
喪失

エルサレムの市場の風景

実家を出るとき、両親ともう二度と会うことはないだろうと思いましたが、いつものように明るく見送ってくれる父に何も言わず、駅まで車で送ってくれた母にも挨拶もせず別れました。たった一年であまりにもあり得ない人生となり、これからどのように生きていけばよいのか見当もつかず、ただ途方に暮れて旅立ちました。

私は、国家試験に合格し仙台で就職した次女のアパートに身を寄せました。次女は合格発表の日に、長女から私の入院のことを聞きました。合格の知らせを私に告げる次女は、ようやくの思いでつかんだ合格の喜びを味わうこともできず、電話の向こうで泣いていました。そんな娘と共に、私は実家での引きこもり生活から解放され久しぶりに羽を伸ばし、買い物や家事をしながら過ごしました。

テレビ番組を一日中見ながら多くのことに気づかされました。これまでの超多忙な人生でじっくりテレビを見る時間などほとんどなく、ニュースとお気に入りの情報番組や教養番組を幾つか見るぐらいでした。しかし今は眠ることもなく時間だけが無限にあって、いろんな番組を見ていると何を見ていても興味深く、学ぶことがあまりにも多いのに驚きました。自分の視点が変化してきていることにも気づきました。それまでいつも、神、あるいは聖書の視点を通してすべてのことを見ていましたが、そのフィルターがいつの間にかはずれ、自分自身の目で直接見るようになっていたのです。私の中にはキリスト教信仰に対する不信が生じていました。それは、居場所を失った喪失感や拷問のような不眠の苦しみ、強制入院させられて精神障害者のレッテルを貼られ社会生活に戻れないほど人間としての尊厳が傷つけられたこと、母の純粋な信仰の極端さを目の当たりに見たことなどの、どれひとつとっても受け入れられない体験によるものでした。

しかしまだ神を否定できる根拠はなく、テレビを見たり散歩をしたりしながら信仰の世界から完全に解放され、私の目は現実世界に向けられていきました。信仰というウロコが目から落ち、テレビで人々の暮らしや歴史や文化、バラエティ番組やドラマなど、何を見ても違和感なく素直に受け入れられ共感できました。

つらい不眠は続いていて、夜中もずっとテレビを見て過ごし、睡眠薬も全く効かず朝を迎える毎日でした。一日中、眠気を感じることはなく、薬の副作用で午前中は頭が非常に重く、私の人生から眠りは完全に失われていました。それでも、久しぶりの娘との生活と仙台の街の暮らしやすさや開放感もあり、比較的落ち着いた時間を過ごしました。

仙台でも精神科を受診しましたが、一時間ほどのカウンセリングで医者は「あなたのような体験を喪失体験と言います。今日から過去は忘れて前だけ向いて生きる、と僕と約束しましょう」とアドバイスしました。「それができるぐらいならここにくるはずがないでしょう」と心の中で呆れましたが、高いカウンセリング料と薬代を払わなければならない現実にただ虚しさを覚えました。

仙台に着いて一カ月ほどで娘が千葉に転勤になり、B市に引っ越しました。B市の環境は私には全く合わず、喪失感が深まっていきました。私が以前暮らしていた地域が近く、家族がよく利用していた成田空港が近いことも喪失感をさらに深めました。近くを飛んでいる飛行機を見るたびに、以前の幸せだった日常がリアルに思い出されるからでした。

家族たちは私の落ち着き先を決めようと様々な相談機関に連絡したり、精神病院や知的障害者のグループホームなどの施設を見学したり、精神障害者に認定してもらって積極的に治療を受けるように勧めました。私はすごく違和感を覚えました。自分はうつ病でもないし、精神障害者でもないし、ただ喪失感が大きすぎるから眠れないのであって、薬もカウンセリングもまるで意味がないと主張しましたが、周囲の私への思いと私の思いとは全く噛み合いませんでした。私は激しい喪失感の中で、なぜ自分にこのような人生が訪れたのか、答えを見出すことができずもがき続けました。全く馴染みのない街で暮らしている自分の人生がとうてい受け入れられず、家族とさえも全く理解し合えず、いたたまれず何度となく家を飛び出すようになり、夜中に街をひたすら彷徨《さまよ》い歩いたこともありました。

娘に勧められた、地元で評判の精神科で診察を受け、一時間のカウンセリングでそううつ病と診断されました。たった一時間の対話で私の人生についてどれほどわかるというのでしょう。マニュアル的な診断にすぎません。医者は「いろんな薬があるから試していけば、そのうちあなたに合う薬に出会えるかもしれないから、ゆっくり治療していきましょう」と言いました。病院と長くお付き合いしたくもないし、喪失感を薬で治療できるはずがないと思い、私はそれ以来治療を放棄しました。

そしてそう病という言葉をヒントにネットで調べたとき、確かに仕事を辞めた頃の前後数年間の私の精神状態は、自分を見失うほどに疲弊してバランスを失っていたことに思い当たりました。しかし今の自分の状態はそう状態でもうつ状態でもありません。薬を飲んでも副作用が大きいだけなので、飲むのをやめ、精神科に通うことは以後ありませんでした。

しかし、一晩中眠れず眠気も全く感じられず、たまに朝方、まるで意識を失うかのようにうたた寝する程度で、不眠障害の苦しみは続きました。自律神経がバランスを失い不眠になって以来、感情も麻痺して涙など一滴も出ることもなく、家族たちが涙を流していてもまるで映画のシーンを見ているようでした。喪失感が大きすぎて、現実をどうしても受け入れられない自分がいました。自分は今悪夢を見ているのであって、そのうちに目が覚めて、以前の幸せな日常生活に戻っているに違いないと思い続けました。

ある日テレビで、ある女優さんの体験をドラマで再現していました。彼女は女優をしながら女手ひとつで三人の子どもを育てあげましたが、子どもたちがそれぞれ自立した頃にがんを患い、抗がん剤治療を受けたそうです。治療の結果、免疫力が著しく落ち、仕事を休んでリハビリ生活をしていました。そのときに写経を習い始め、親身に接してくれる写経の講師夫妻ととても親しくなります。ある日写経の講師夫妻が、息子のトラブルで急のお金を用立てなければならなくなったので一〇〇〇万円貸してもらえないかと言い、彼女は心から信頼していた夫妻にすぐに一〇〇万円を送金しました。ところが、その一週間の間に計四回も次から次へ異なる理由でお金を貸してほしいと言われ、彼女は一週間で四〇〇万円ものお金を疑うことなく夫妻の口座へ送金したのでした。彼女の様子を見ていた銀行の職員が「〇〇さん、あなたは騙されているんじゃないですか」と忠告しますが、彼女は「私は決して騙されたりしません」と自信を持って言い返します。しかし、案の定四〇〇万円は奪われ、裁判で取り返すことになったのです。

この再現ドラマで彼女が伝えたかったことは、自分は元気なときはこんなことでだまされるような人間ではなかったけれど、人間は免疫力が落ちたときには判断力も失われるもので、彼女も相手を信頼していただけに簡単に騙されてしまったということでした。

その話を聞いたとき、私も、彼女のように、免疫力が著しく落ち思考力や判断力が異常に失われていたことに思いあたりました。そして故郷の自然に癒され、信頼していた母の勧めに安易に同調してしまったのです。私は自分に何が起きたか、ようやく気づきはじめました。

そのようなことがわかってきて私は、私が信じてきた神など存在していなかったのだと確信しました。聖書の神は人間が弱っているときにこそ共にいてくださり、どのようなときも支えて導いてくださる神であったはずです。私は疲れて倒れたとき、神に真剣に祈り導きを求めました。しかし私は全く自分を見失っていて、神の導きと信じて家を処分し、実家に戻り騒音で突然不眠になり、我に返ったときにはすべてを失っていました。全知全能の神がいるなら、私がたとえ弱っていてもとんでもない方向に行かないように導くことなど難しいことではないでしょう。これはご利益信仰などではありません。クリスチャン一家が信仰を失ってバラバラになるほどに破綻することが神のみこころであるとは考えられないということです。このようなことが神のみこころだというならば、聖書に従う信仰の意味がありません。聖書に従って人生破綻するような信仰だとわかっていれば、誰が信じようとするでしょうか。

就職したばかりの娘も、不眠に苦しみ信仰を否定し精神的にすさんでいく私を支えきれなくなり、だんだんうつ状態に陥っていき、教会で寝泊まりしたりして、自分を必死で守ろうとしていました。そしてある日、精神的にもう限界に達していた娘は結婚式を目前にして、最悪の形でアパートを去り、一カ月ほど後に結婚しました。母親の欠けた彼女の結婚式は、私たち家族にとって最大の悲しみの日となりました。

長女は、二歳になった幼子を抱えながら何度か引っ越しを余儀なくされ、さらに妹の結婚式や海外で働く夫を支えながら、何よりも私の状況を受け入れられず、とうとう深刻なうつ状態に陥りました。彼女の受診のため、孫のいる新しいアパートに初めて行ったとき、明るかった娘の笑顔は消え、まるで別人のようなこわばった表情やネガティブな言動に、事態の深刻さを知りました。心療内科でうつ病と診断され、孫の心を守るために何とかしなくてはともがきましたが、自分の居場所もないような私にできることは焼け石に水どころか、かえってさらなる災いを招いていきました。

その年の異常な猛暑の中でどこにも出かけられずにいる母子のために、友人牧師に頼んで、豊かな自然に囲まれた高原の教会の空き部屋を数日借りて過ごすことにしました。到着の翌日、普段使用することもなかったエアコンにカビが発生していたために、孫や長女は夏型過敏性肺炎を起こし高熱や嘔吐で苦しみ、孫のために駆けつけてきた夫と私も二週間近く伏せってしまいました。自分の家さえあればそのようなトラブルに遭わせることはなかったのに、もがけばもがくほどどんどんはまっていくアリ地獄のようでした。

韓国の義父母は、紆余曲折の末、私を全面的に信頼してキリスト教信仰を受け入れてくれました。植民地時代や朝鮮戦争などの過酷な韓国社会を生き抜いてきた彼らが、キリスト教信仰を受け入れるのは簡単な決断ではありませんでした。しかし彼らは私に起きたことを見て、その信仰を捨てました。常人には起きないようなひどい不幸が私に起きたからです。情の深い韓国人の義父母が、「どうしてこのような不幸がわが家に起きたのか」と言って毎日悲嘆にくれていることは手に取るようにわかります。もう八〇代半ばを過ぎた義父母に、私は長男の嫁として最大の親不孝をしてしまいました。韓国で苦労を共にし、日本人の嫁を心から信頼して愛情を持って長い間懸命に支え続けてくれた義父母に対して、申し開きの術がありません。私たちの安寧こそが義父母の幸せでしたし、それが家族というものでしょう。

私の実家の両親も私たち家族をずっと支え続けてくれました。たとえ学歴などなくても神を信頼して正直に懸命に生きてきた両親を、私は見送ることさえできなくなったのです。そんなことが神のみこころだと言えるのでしょうか。そして、私の信仰を受け入れて支え続けてくれた夫も信仰を捨てました。私が倒れて神を否定したからです。これが試練でしょうか。

「神は真実な方ですから、あなたがたを、耐えられないほどの試練に会わせることはなさいません。むしろ、耐えられるように、試練とともに脱出の道も備えてくださいます。」（聖書）

パウロのこの言葉は偽りでした。私には一家のこのような状況を受け入れられるはずがありません。二年もの間、高齢の義父母や実家の両親たちとも全く音信不通で、夫や子どもたちを窮地に追い込みました。そして私は彼らを支えるどころか自分の居場所さえ失って浮き草のような人生です。いつも聖書に従って神を愛し、教会や家族を全身全霊で支えてきた私が、なぜすべてを失って家族に会うこともままならない人生にならなければならないのでしょう。

「彼に信頼する者は、失望させられることがない。」（聖書）

失望どころではありません。このような状況で神を信じる意味があるでしょうか。私がこの試練を受け入れなければ信仰が本物でなかったと批判するならば、あまりにも聖書はナンセンスです。このようなことを試練だというのなら、聖書の言葉は私には信じる価値がありません。

このようにして神は存在しなかったと結論が出て、私は自分の過去を振り返りました。永遠の命を信じていたから、この世での葛藤も矛盾もすべて神に委ねて従ってきました。しかし、罪の意識を刷り込まれ、不毛の人生をただ生きてきたことに気づきました。しかしそれは、私の責任ではなく運命だと受け入れました。私は、生まれた時からキリスト教を受け入れるしかない環境で生まれ、神の存在を刷り込まれ、ただ自分の最善をなしてきただけでした。運命なのだから自分自身を責めても仕方ありません。

しかし、神を否定することで娘たちとの間に亀裂が入っていきました。娘たちは混乱し、神様は残酷だと言いながらも決して信仰を捨てることはありませんでした。そんな娘たちの目には私の苦しみは聖書的な価値観から見えているわけで、大きな隔たりがあります。親子の絆は強くても、互いの言葉はすれ違い傷つけ合い、娘たちと私の関係を引き裂いていきました。結局、私が子どもたちに刷り込んだ聖書の価値観が、皮肉にも娘たちによって私を裁く結果になってしまいました。

世の中には仕事のストレスで倒れる人は珍しくありません。人生は多くの人にとってそれほど戦いの連続です。しかし、リタイアしてもリハビリをすればまた復帰できます。私は職場においても教会においても家庭においても、自分が誰かのために役に立つ人生を生きられることを感謝しながら精一杯生きてきたつもりです。たとえ倒れることがあっても、すべてを神に委ねて生きてきたのですから、最善に導いてくださる神だと信じていました。けれども私は自分を見失い、開放感に包まれて判断力を失い、気がついたら一家を破滅へと導いていたのです。

私は、突然人生のすべてを失い、はかり知れない喪失感により拷問のような不眠に苦しみました。そのような現実を受け入れられるはずがありません。もし居場所さえ失っていなければ、信仰を捨てたとしても前向きに生きることはできました。むしろ矛盾を感じ続けていたわけですから、納得して解放され、失われた人生を取り戻そうと一八〇度方向転換して、何よりも家族のために生きたことでしょう。しかし家も居場所も失って自分の立つ瀬を失い、苦しんでいる家族を支えることさえできませんでした。そのような無力感や喪失感が私を苦しめ、アリ地獄のようにもがけばもがくほど失い続け、どうすることもできず生きる気力を失いました。クリスチャンであり、国際結婚をして日韓を行き来しながら複雑に生きてきた私の人生は、事態をさらに複雑にしてしまっていたのです。

けれども事態の原因が見え始めた頃から、とうてい受け入れられなかった現実を徐々に受け入れ始め、すべては自分の運命と考えるようになりました。それは、失ったということを認めるというつらい過程でした。四十年近く苦労を共にしてきた夫との人生を失う現実を受け入れるのは、私にとっては人生そのものを失う苦しみでした。そして、娘たちの人生を狂わせてしまったという現実を受け入れ、孫を迎えてあげる居場所を失った現実も受け入れ、高齢の両親たちとの関係も断ち切れてしまっている現実も受け入れざるを得ませんでした。

家族たちの人生の節目節目にも立ち会えず、別々の人生を生きていかなければなりませんでした。夫も私に起きた不幸が原因で、長年勤めた職場をついに希望退職しました。一〇月の退職式には、最もそこにいなければならない私は不在で、夫の両親や兄弟たちが同伴しましたが、写真に写った彼らに笑顔などあるはずがありませんでした。大切な家族の居場所や故郷を喪失したことなど、すべてを一つ一つ受け入れ手放していったとき、私は完全に生きる気力を失い、生まれて初めて死を意識し始めました。昼も夜もなく二四時間苦しみ続け、死んで楽になりたいと思うようになりました。

そして、家族たちの追い詰められた状況を感じながら、一〇月、私は地方の片田舎にアパートを借り、移りました。家族以外誰にも知られることなく、ひっそりとした森の中に佇むアパートでの一人暮らしが始まり、社会から全く断絶された人生を生きている現実を身にしみて感じました。長い間、韓国と日本の間で家族がそれぞれに離れて暮らし、仕事も辞めようやくこれから家族との時間を持てるようになるという時期に、本当に悪夢のような現実でした。馴染みのない土地で家族の苦しみを思いながら、どうして生きていけるというのでしょう。あまりにも理不尽で、すべてが虚しく意味がありませんでした。窓からは青々とした木立や青空が見え、夜は美しい星空を一人で眺めながら、朝を迎え、夕を迎え、世界から断絶された自分の人生に絶望しました。

外出すると、人々の何気ない平和な日常や美しい自然さえも見るのがつらく、絶望的な気持ちになりました。二年前のあの日から、全く眠りを失い生き地獄のような日々でした。もう食事も取る気力さえなく、冷蔵庫は空っぽのままでした。孤立感に耐えられず精神がどうにかなりそうで、生まれて初めて命の電話をかけ始め、携帯電話を一日じゅうほとんど手離すことなく、気力の続く限りしゃべり続けました。答えやアドバイスを求めるのではなく、ただ話を聞いてほしいし、人の声を聞くだけでもよいのです。そして私の苦しみを少しでも伝えたかったのです。話し続けることでかろうじて精神を保ち生きているという、崖っぷちに立っていました。その頃の私は、自分の人生の閉じ方を考え始めていました。

原則一時間の電話相談のようでしたが、ネガティブで重過ぎる私の話を、三時間近く相槌を打ちながら親身になって聞き続けてくれた相談員もいました。顔が見えなくても相手の声に暖かさや力強さを感じ、安心して話すことができました。私の話す内容が重すぎてとてもついていけないと言って、途中で降りる相談員もいましたが、それはそれで納得できました。私の話を聞くことは大変なエネルギーや忍耐力が必要なことは、十分理解できました。また意外にも、「あなたの話はまともじゃない。私はあなたが話した他の二〇〇人の相談員のようにはあなたの話を信じませんよ」と頭ごなしに否定されたこともありました。いかなる反応であれ、私にはあらゆる視点がすべて必要でした。

一ヶ月の間に約二〇〇人もの全国各地の相談員たちと話し続けました。それまでは自分の気持ちを伝える相手も牧師やクリスチャン以外にはほとんどいませんでしたが、多くの相談員から様々な反応を感じながら繰り返し話しているうちに、だんだんと心の整理ができて私の中にストーリーが生まれてきました。しかし、一時間ほどで話せる内容には限界がありました。一ヶ月ほど経ったとき、もうこれ以上電話で話せることはないと感じ、命の電話を卒業しました。

そしてパソコンを取り寄せ、そのストーリーを書き始めました。思いつくままに書き始めた文は、キリスト教の歴史という、意外な方向に進んでいきました。それまで年表的な理解しかしていなかったキリスト教の歴史が、聖書という視点によって次から次へとつながっていきました。私が信じてきたキリスト教の壮大な歴史を知ることは、私のキリスト教への認識を大きく変えていきました。半世紀近く聖書を学びながら、キリスト教の今日までの歴史については学ぶ機会がありませんでした。どれだけ多くの人々がキリスト教世界で支配され迫害されてきたことか、その歴史に触れながら、吐き気を感じるほど心が痛みました。私がこのような地獄を体験しなければ、彼らの叫びを聞くことはなかったでしょう。教会の中ではこのような歴史はほとんど語られず、都合の良い部分だけが取り上げられてきたのでした。キリスト教の歴史の中にこそ、聖書の排他性・閉鎖性・支配性・独善性が証明されていたのです。

パウロによって伝えられたキリスト教はローマ帝国の国教となり、世界のキリスト教へと変貌していきました。その歴史の全体像を知ることはキリスト教の本質を知ることにつながり、同時に世界の歴史を正しく理解する助けにもなるでしょう。私のキリスト教を見る視点は、信仰者の立場でもあり、非信仰者の立場でもあり、どちらの立場からも理解できることを切に願っています。

あとがき

私はこの本の原稿をわずか一カ月でほぼ書き上げました。不眠障害でほとんど眠ることもできなかった私にとって、書くことに没頭することが心の苦しみを紛らわすことができる唯一の方法でした。書き始めた頃は心に思いつくままに書き進めましたが、不思議に書くべきことは次から次へとつながっていき、作業が止まることはほとんどなく一気に書き終えました。

私の手元には辞書も本も聖書さえもありませんでしたが、インターネット上の「辞書」や「聖書」や『Wikipedia』や「世界史の窓」などを中心に必要な情報を得ることができ、それらが私の聖書の世界を一気に広げてくれました。

一章を書き終えたとき、まるで高い山の頂に登りついたように視界が開けてきました。そして不思議なことに、約二年間眠気もなく、眠るという感覚も失われ、心地よい疲れさえ感じることがありませんでしたが、眠気を二年ぶりに時々感じるようになり、疲れも徐々に感じられるようになり始めました。また、大好きな温泉の湯船に浸かっても苦痛でしかなかったのに、リラックスできるようになってきました。さらに、これまで悲しみさえもほとんど感じられなかったのに、涙を出して泣けるようになるとともに笑えるようにもなり、人間らしい心の動きも徐々に回復してきました。底なし沼のような喪失感から抜け出し始めたのです。

山頂に達した私は、その後、下山するという作業にかかりました。二章、三章、四章と自分の体験をなるべく客観的に精神医学的な視点で書き進めました。うまく着地できなければ自分の墓穴を掘ることにもなりかねませんから、生みの苦しみは最後まで続きましたが、ついに一通り書き終えました。私は約二年間、喪失という地獄を通過し、死の淵でさまよい、この原稿を書き上げたことで人生をリセットし、キリスト教への怒りや喪失感から徐々に解放されつつあります。

ずっと韓国で働きながら私を支え、一章を書き終えた頃、駆けつけてきて支えてくれた夫、おいしいキムチや私の好きな韓国の食べ物を夫に託《たく》してくれた義父母、私にパソコンを送ってくれた友人、私の毒々しいメールを最後まで読み続けてくれた牧師、寝袋を持ってはるばる駆けつけてきてくれた牧師、そして命の電話の相談員の皆さんたちの助けがなければ、書くことはできませんでした。

プライバシーの問題もあって、私に起きたことをすべて書くことはできませんでした。というより書いていないことの方がはるかに多いのです。私はこれほどの喪失を体験しなければ、聖書の価値観から自分を解放することもできず人生を終えていただけでなく、周囲の人々をも巻き込んでいたでしょう。そのためにこれほどの苦しみを味わわなければならなかったのですが、自分を見失ったまま人生を終えるのは、私にとってはもっと残酷な人生だと今は考えられるようになりました。

二〇〇〇年前、ユダヤ社会で生まれたキリスト教が私の人生を悲劇に導いた事実は、私個人の問題にとどまるのではなく普遍的な問題だと認識しています。それは聖書の価値観が今も世界に影響を与え続けているからです。私はキリスト教の歴史をひもときながら、これまで感じてきた疑問や矛盾がすべて消え、聖書的な世界観から全く解放されました。

しかし聖書や宗教だけでなく、人間は様々な固定観念によって支配されやすい存在だと考えられます。思想や教育、文化、環境、体験などによって固定観念が形成されることもあり、迷信、拝金主義、学歴主義、人種主義や民族主義、ナショナリズムや様々なイデオロギーなどに支配され、差別や偏見や対立が生じてきます。マインドコントロールとか洗脳というのは否定的な意味で用いられることが多いですが、環境に順応し、教育によって成長する人間の持つ側面でもあります。私の経験を通してそのような人間の弱さを理解していただくことによって、今日の情報化時代をより豊かに生きるきっかけになればと願います。

九・一一後、ジョン・レノンの曲『Imagine』が放送自粛になった時期もあったそうです。人類は様々な固定観念から解放されて、彼の歌うようにImagineする力を取りもどすことが、今の時代、何よりも求められているのではないかと気づかされています。

エルサレムの市場の風景

著者紹介

野原 花子（のはら はなこ）

1958年生まれ、四国出身。
幼い時から、クリスチャンの母親の影響で地元のプロテスタント教会で信仰教育を受け、聖書的価値観から離れて生きることは生涯ないであろうと考え、高校３年時に洗礼を受ける。結婚後、12年間韓国で暮らす。その後、帰国、関東へ移る。

聖書《せいしょ》はもういらない

2020年11月26日　第1刷発行

著　者　　野原花子
発行人　　久保田貴幸

発行元　　株式会社 幻冬舎メディアコンサルティング
〒151-0051　東京都渋谷区千駄ヶ谷4-9-7
電話　03-5411-6440（編集）

発売元　　株式会社 幻冬舎
〒151-0051　東京都渋谷区千駄ヶ谷4-9-7
電話　03-5411-6222（営業）

印刷・製本　シナジーコミュニケーションズ株式会社
装　丁　　江草英貴

検印廃止

Printed in Japan
ISBN 978-4-344-93174-9 C0016
幻冬舎メディアコンサルティングHP
http://www.gentosha-mc.com/